Kathrin Heinrichs

Nelly und das Leben

Süß-saure Geschichten

Illustrationen von Birgit Beißel

Blatt-Verlag, Menden

© by Kathrin Heinrichs
Internet: http://www.blattverlag.de
Alle Rechte vorbehalten
Buchumschlag und Illustrationen: Birgit Beißel, Aachen
Druck: Zimmermann, Balve
Erste Auflage 2002
ISBN 3-934327-03-6

Für Herbert natürlich.
Und für Julius, Josephine und Joshua.

Inhalt

Die Testphase	9
Der schönste Tag	12
Neu in der Stadt	21
Schöne Bescherung	28
Mord in der Spielgruppe	40
Abenteuer im Supermarkt	46
Besuchszeiten	55
Kinder-krank	70
Mahlzeit	75
Geschenkt	78
Kuschelige Tierchen	83
Spaß im Spaßbad	94
Urlaub. Urlaub?	99
Was ich vermissen werde	104

Die Testphase

„Das ist er. Und er ist rosa!" wisperte ich. Ich brauche nicht zu erwähnen, daß mein Atem stockte.

„Da ist gar nichts. Und wenn da etwas ist, dann ist es grün." Christoph verschränkte trotzig die Arme vor der Brust. Er mußte farbenblind sein. Vor uns war auf dem Teststreifen eindeutig ein hellrosa Streifen erkennbar. Wir wußten beide, was das bedeutete.

„Wir stellen das Ding jetzt einfach hierhin, damit es ganz in Ruhe ein brauchbares Ergebnis abliefern kann, und lesen in der Zwischenzeit die Gebrauchsanweisung noch einmal durch."

Das Zittern in Christophs Stimme war verräterisch. Er glaubte selber nicht, was er sagte. Außerdem hatten wir die Gebrauchsanweisung für den Schwangerschaftstest bereits achtmal zusammen durchgearbeitet. *Zwei Streifen schwanger*, ganz klar. Und der zweite Streifen hatte sich soeben gezeigt, hauchdünn zwar, aber eben vorhanden.

Ich befand mich in einem Zustand totaler Unzurechnungsfähigkeit. Deshalb leistete ich keinen Widerstand, als mich mein Liebster aus dem Badezimmer führte und auf einen Küchenstuhl setzte.

„Ich hab's geahnt", flüsterte ich. Ich konnte selber fühlen, daß ich kalkbleich war.

9

„Du regst dich unnötig auf", brabbelte Christoph auf mich ein. „Erst jetzt sind die fünf Minuten wirklich um. Der zweite Streifen wird inzwischen verschwunden sein. Ich gehe jetzt ins Badezimmer und werde dir gleich mitteilen, daß wir uns ganz überflüssige Gedanken gemacht haben. Wart's ab!" Christoph lächelte sanft. Es kostete ihn einige Mühe.

Es dauerte keine vier Sekunden, bis er wieder in der Küche stand. Er hielt den Teststreifen zwischen Daumen und Zeigefinger und hatte alle Fassung verloren.

„Ich weiß auch nicht", stammelte er. „Da kann was nicht stimmen. Wahrscheinlich ein asiatisches Billigprodukt."

Er hielt den Test in meine Richtung. Ich starrte auf die beiden Streifen, die mich prompt an zwei Fahrspuren im Sand erinnerten, vielleicht von einem Kinderwagen.

„Was steht nochmal in der Gebrauchsanweisung?" krächzte Christoph hysterisch und fingerte an dem Beipackzettel herum.

„Zwei Streifen schwanger", sagte ich, ohne nochmal nachzuschauen. Und dann wiederholte ich es monoton. „Zwei Streifen schwanger."

Es dauerte genau sieben Stunden. Dann fing ich an, mich auf unser Kind zu freuen. Es passierte im Gespräch mit meiner Mutter.

„Wolltet ihr denn keine Kinder?" fragte sie, pragmatisch wie sie war.

„Ja, schon, aber doch nicht jetzt."

„Wann denn? Vielleicht, wenn du vierundvierzig bist?"

Ich wollte gerade loslegen. Schließlich war ich erst sechsundzwanzig. Doch meine Mutter kam mir zuvor.

„Das Leben ist nicht von vorne bis hinten planbar. Und ein Kind schon mal gar nicht. Verstehst du das denn nicht?"

„Ja, aber-", sagte ich noch.

„Du kannst dich freuen", unterbrach mich meine Mutter in einem Tonfall, der keine Zweifel zuließ. „Du kannst dich freuen. Du mußt es nur erstmal merken."

In den nächsten Minuten überkam es mich. Ich hatte Christoph, meinen Traummann. Wir waren uns doch sicher, daß wir zusammenbleiben wollten, oder? Und irgendwann hatten wir uns schon Kinder gewünscht.

Wenn ich eine feste Stelle hatte, vielleicht.

Oder wenn Christoph eine feste Stelle hatte.

Aber wann war das?

Egal. Christoph und ich bekamen ein Kind. Endlich hatte ich es begriffen.

Der schönste Tag

Christoph wollte unbedingt heiraten, jetzt, wo wir ein Kind bekamen. Das traf sich gut, denn ich wollte auch unbedingt heiraten. Fragte sich nur noch, in welcher Form.

Wir diskutierten diese Frage an einem schönen Frühlingstag. Christoph lag noch im Bett, ich fletzte mich mit einer Tasse Kaffee auf dem Sofa.

„Wir müssen dringend über unsere Hochzeit sprechen", begann ich. „Wir müssen Räume mieten, ein Restaurant festmachen. Wir sind sowieso schon viel zu spät dran. Im Sommer heiraten schließlich alle."

„Mhm", gab Christoph von sich, und ich war sicher, daß er noch nicht so richtig wach war.

„Es gibt Leute, die behaupten, der Hochzeitstag sei der schönste in ihrem Leben", stellte ich daher provokativ in den Raum.

„Diese Leute sind echt zu bedauern", gab Christoph schlaftrunken von sich, „denn sie müssen ein ansonsten sehr bescheidenes Leben geführt haben." Mein Liebster rollte sich auf die Seite, so daß er mich aus verschlafenen Augen ansehen konnte. „Alle Hochzeitsfeiern, die ich bislang erlebt habe, sind auf die ein oder andere Weise in die Hose gegangen."

„Du übertreibst!"

„Ich übertreibe nicht", Christoph wurde jetzt richtig munter. „Hochzeitsfeiern sind zum Scheitern verurteilt.

Ganz einfach, weil es unmöglich ist, ein Fest auszurichten, auf dem sich einerseits die alten Jazz-Kumpels wohlfühlen, andererseits aber auch deine Tante Else."

Da hatte Christoph natürlich recht. Tante Else war vierundachtzig und fand nichts schlimmer als laute Musik.

„Das ist ein Problem", gab ich zu. „Vielleicht sollte man die Feier mit etwas Auflockerndem beginnen, nicht so festgefahren planen."

Ich sah Christophs Blick, und ich wußte genau, woran er dachte. An die Hochzeit von Martin und Melanie. Die beiden waren schon während des Studiums ziemlich alternativ gewesen. Martin hatte Sport, Melanie Sozialpädagogik studiert, und nebenher hatten die beiden in einem vegetarischen Imbiß gejobbt. Kein Wunder also, daß das Hochzeitsbuffet aus Sojabratlingen, gebackenen Maiskolben und Gemüseratatouille bestand. In dessen Genuß kamen wir allerdings erst, nachdem wir die Fahrradtour absolviert hatten, die Martin und Melanie anläßlich ihrer Hochzeitsfeier organisiert hatten. Christoph hatte damals extra noch angerufen und gefragt, ob sie das wirklich ernst meinten, daß er sich auf ein Fahrrad schwingen müsse, um anschließend feiern zu dürfen.

„Kein Problem", hatte Martin geantwortet. „Du mußt nicht Fahrrad fahren. Die Strecke ist auch für Inline-Skater geeignet."

„Tante Else auf dem Fahrrad ist eine wunderbare Vorstellung", grunzte Christoph nun in sich hinein. „Auch sollten wir keinesfalls auf Kennenlernbuttons verzichten."

Das mußte ja kommen. Christoph konnte es nicht lassen, daran zu erinnern. In der Tat waren die Kennenlernbuttons der Höhepunkt auf Martins und Melanies Hochzeit gewesen. Beim Betreten der Scheune, in der die Hochzeitsparty urigerweise stattfand, hatte Melanie jedem Gast einen solchen Anstecker in die Hand gedrückt.

Darauf stand vorgedruckt:

*Ich heiße:*_____

*Ich spreche gerne über:*_____

Christoph und ich hatten uns angestarrt, als erwarteten wir jeden Augenblick, daß ein spaßiger Moderator hinter einem Strohballen hervortreten würde, um uns zu versichern, daß wir gerade einem lustigen Streich mit der versteckten Kamera zum Opfer gefallen wären.

Leider tat sich überhaupt nichts. Melanie fragte lediglich noch: „Braucht Ihr einen Stift? Die liegen auf den Tischen bereit!"

Kurze Zeit später sah ich, wie sie sich selbst den Button an ihr Öko-Leinen-Kleid heftete.

„*Ich heiße Melanie*" stand darauf, „*und ich spreche gerne über Martin und mich.*"

Das war Anlaß genug für Christoph, ebenfalls seinen Kennenlern-Anstecker auszufüllen.

„*Ich heiße Christoph*" stand auf seinem Sticker, „*und ich spreche gerne über Sex und über andere Leute.*"

„Gut, die Kennenlernbuttons können wir uns sparen", stimmte ich Christoph zu, der sich weiter im Bett räkelte. „Aber andere Dinge sollten wir auf jeden Fall vorbereiten."

„Du meinst, eine Geschenkliste."

Christoph war einfach nur negativ. Offensichtlich spielte er jetzt auf die Nobelhochzeit von Doris und Peter an. Die fing schon mit der Geschenk-Wunschliste an, die man in Köln bei einem Edelausstatter ausgelegt hatte. Diese Wunschliste hatte uns umgehauen. Die Preise vermittelten den Eindruck, man werde Teilhaber des Ladens, auch wenn man nur eine Suppenkelle erwerben wollte. Christoph und ich hatten lange zwischen einem Tomaten-

14

messer und einem Eierbecher geschwankt. Als unser Freund Robert sich anschließen wollte, wagten wir sogar, an einen sogenannten Bräter zu denken.

„Das macht wenigstens was her", hatte sich Christoph gefreut und wohl den überdimensionierten Topf vor Augen gehabt, in dem seine Mutter den Sonntagsbraten anzurichten pflegte. Als wir den Bräter dann sahen, war es nicht mehr als das Teil, mit dem man in der Pfanne die Fischstäbchen umdrehen kann. Christoph und Robert rutschten die Mundwinkel nach unten.

„Nichts da!" sprach Robert dann ein Machtwort. „Wir basteln was selber. Solche Gastgeber verdienen es nicht anders."

Das Ergebnis war phänomenal. Die beiden häkelten Topflappen in einem satten Orange. Die Stücke hatten eine Form, bei der man nicht entscheiden konnte, ob sie ursprünglich rund oder quadratisch hatten werden sollen. Roberts Exemplar war so eng gehäkelt, daß es die Festigkeit eines Bretts hatte und beim besten Willen nicht um einen Topfhenkel gelegt werden konnte. Christophs Lappen dagegen war so locker, daß man neben jeder Masche den Finger durchstecken konnte.

„Sie kommen von Herzen", sagten beide gleichzeitig, als sie ihr Geschenk den Brautleuten überreichten. Ich hatte die Idee nicht so toll gefunden, die Topflappen direkt nach der kirchlichen Trauung vor der Kirche zu übergeben. Doch hatte man für Doris und Peter einen weißen, offenen Jaguar organisiert, der vor der Kirche parkte. Vorne auf der Motorhaube prunkte ein gigantisches Blumenbouquet in zartem Orange. Die farbliche Übereinstimmung war für Robert der ausschlaggebende Punkt gewesen.

„Wir konnten es nicht ahnen", hauchte Robert daher Doris ins Ohr, die fassungslos die kackorangen

15

Topflappen anstarrte, „es ist wohl eine Fügung des Schicksals, daß unsere Gabe farblich so gut mit eurer Hochzeitsflora harmoniert."

Ich mußte grinsen, als ich an die Szene dachte. Dann wurde ich wieder ernst.

„Doris' und Peters Hochzeit ist für uns nun wirklich kein Maßstab", sagte ich an Christoph gewandt. „Schon die Auswahl der Räumlichkeiten fand' ich unmöglich."

Christoph hob überrascht den Kopf. „Wie willst du das beurteilen? Wir haben den Raum doch gar nicht gesehen."

Damit hatte Christoph in gewisser Weise recht. Die Feierlichkeit fand nämlich im stilvollen Ambiente eines Kölner Luxushotels statt. Allerdings verfügte dieses Hotel über eine ganze Reihe von Sälen, und so fanden am Wochenende immer gleich mehrere Hochzeiten statt. Es dauerte eine ganze Weile, bevor wir merkten, daß wir auf der falschen Party gelandet waren. Christoph hatte sich schon ordentlich am Buffet bedient, und Robert mindestens eine Flasche Champagner alleine geleert, als eine achtstöckige Hochzeitstorte hereingefahren wurde. Es gab ein großes Tamtam, etliche Kerzen flackerten im Halbdunkel des Saales, bis endlich die Braut unter dem Applaus der Gäste die Kerzen ausblasen sollte. Ich war diejenige, der es am ersten auffiel.

„Da stimmt was nicht!" flüsterte ich Christoph ins Ohr.

Christoph nickte stirnrunzelnd und gab die Botschaft an den leicht angetrunkenen Robert weiter. Der reagierte sofort:

„Die Braut ist falsch!" sagte er in unumstößlicher Selbstsicherheit.

Es war zu einem Zeitpunkt, als sich eine aufgeregte Stille breit gemacht hatte, da die Braut nun vor allen Leuten kundtun sollte, was sie sich wünschte, nachdem sie so erfolgreich geblasen hatte. Roberts Einwand kam daher besonders gut.

Alle starrten ihn an.

„Ich möchte Sie nicht beunruhigen", verfranste er sich weiter in seiner Erklärung, „Offensichtlich hat es noch keiner hier im Saal bemerkt. Aber ich kann Ihnen versichern: Die Braut ist falsch!"

Verrückt, aber harmlos – diesen Eindruck versuchten wir bei den falschen Hochzeitsgästen zu vermitteln, als wir Robert rechts und links am Arm nach draußen führten. Anschließend verzichteten wir darauf, noch die richtige Feier aufzusuchen. Robert war es irgendwie nicht gut, und Doris und Peter hatte der Auftritt mit den Topflappen wahrscheinlich sowieso gereicht.

„Ich hab's", sagte Christoph nun, während er sich in Sitzposition brachte. „Wir heiraten nicht sozialpädagogisch, wir heiraten nicht nobel, wir heiraten so wie Clemens und Birte."

Wieder ein hochgradig brauchbarer Vorschlag meines zukünftigen Ehemannes. Clemens' und Birtes Hochzeit, die auf dem münsterländischen Bauernhof von Birtes Eltern stattfand, war in der Kategorie „traditionell feiern" sicherlich ein Knaller gewesen. Diese Hochzeit hatte wirklich eine Menge geboten: Den Alleinunterhalter an der Hammond-Orgel, ein deftiges Buffet, hin und wieder eine spaßige Polonaise oder ein Spielchen der Verwandtschaft. Der Höhepunkt der Hochzeit war allerdings die Rede des Trauzeugen gewesen.

„*Liebe Hochzeitsgesellschaft*", begann er aufgeregt, und ich war mir sofort sicher, daß dies seine erste Rede war, „*heute feiern wir die Hochzeit von Clemens und Birte.*"

Die Gäste klatschten. Entweder waren sie bereits völlig betrunken oder sie fanden schon diesen Teil der Rede, der aus einer banalen Feststellung bestand, stilistisch umwerfend.

„Wenn man Hochzeit feiert, ist das auch immer eine Gelegenheit zurückzublicken. Clemens und Birte, ihr habt euch gefunden, und das ist gut so." Wie durften wir das denn verstehen? *„Ein jeder von euch hat lange Zeit nach einem Partner gesucht, bis ihr euch dann endlich über den Weg gelaufen seid."*

Die Botschaft war verheerend. Clemens und Birte waren vorher beziehungsmäßig nicht vermittelbar gewesen. Mangels Alternativen würden sie jetzt gemeinsam ihr Schicksal tragen. Es konnte nur noch schlimmer kommen.

„Gut, Clemens, du warst vorher kein Unschuldslamm!"

Oh Gott, jetzt trampelte der Redner in die andere Richtung. Man konnte beileibe nicht behaupten, daß das besser war.

„Manchmal stelle ich mir vor, wenn du, Clemens, damals wirklich Nadine geheiratet hättest."

Der Kerl meinte das ernst. Er merkte nicht im geringsten, was er da anrichtete. Selbst der betrunkene Teil der Gesellschaft hielt mittlerweile den Atem an.

„Ist es nicht schön, daß daraus nichts geworden ist? Sonst säßen wir schließlich nicht hier, auf dem Bauernhof von Birtes Eltern, und würden diese wunderschöne Hochzeit feiern."

Christoph und ich schauten uns an. Dann begannen wir zu klatschen. Es war die einzige Möglichkeit, diese Rede zu beenden. Wir klatschten und wurden schon bald begleitet von Gästen, die mit einfielen. Alle erkannten ganz instinktiv, daß dies der einzige Weg war, um dem Elend ein Ende zu bereiten.

„Ein Hoch auf das Hochzeitspaar!" rief Christoph noch.

Irgend jemand drückte den Redner auf seinen Stuhl. Der Applaus wollte nicht abnehmen. Clemens und Birte warfen sich einen verzweifelten Blick zu. Dann versuchten sie ein Lächeln. Ein Hoffnungsstrahl. Wenn sie in dieser Situation ein Lächeln füreinander fanden, konnte die Ehe nur ein Erfolg werden. Und bislang hatte sich das bestätigt. Clemens und Birte schienen sehr glücklich miteinander.

Aber das änderte nichts daran, daß Christoph und ich bei unseren Überlegungen noch keinen Zentimeter weitergekommen waren.

Ich seufzte. „Es ist schlichtweg unmöglich, mit dir eine Hochzeit zu planen."

„Ich meinte das eben ernst", sagte Christoph und kam zu mir herüber. „Ein Programmpunkt hat mir auf Clemens' und Annes Hochzeit sehr gut gefallen: die Entführung der Braut."

Oh ja, ich erinnerte mich. Die arme Birte hatte auf ihrer Hochzeit stundenlang mit ein paar Gästen durch die Kneipen ziehen müssen, bevor sie von ihrem Clemens zurückerobert worden war.

„Möchtest du mich schon nach zwei Stunden wieder loswerden?" fragte ich daher pampig.

Christoph lächelte verführerisch. „Wart's mal ab. Ich stelle mir das etwas anders vor."

Christoph stand zu seinem Wort. Aber er hat's selbst getan. Er hat mich genau im richtigen Moment entführt. Just in dem Moment, als seine alten Jazz-Freunde ihre Instrumente rausgeholt hatten, um eine ihrer berüchtigten Blues-Sessions hinzulegen und meine vierundachtzigjährige Tante Else mit dem Gedanken spielte, das Tanzbein zu schwingen, packte Christoph mich von hinten und nahm mich einfach mit. Er trug mich zu unserem alten Citroen, wo Robert schon als Chauffeur wartete.

19

Ich war über diesen Job für Robert ganz froh, weil ich schon gefürchtet hatte, er wolle eine Rede halten. Dann fuhren wir zu unserer Wohnung, die wunderschön geschmückt war. Luftballons überall und an der Tür ein riesiges Herz aus roten Rosen.

Ob mein Hochzeitstag der schönste Tag in meinem Leben war?

Ich weiß nicht.

Aber die schönste Entführung war es allemal.

Neu in der Stadt

Warum muß eigentlich immer alles auf einmal passieren? Eigentlich war ich schon ausreichend damit beschäftigt, ein Kind zu bekommen und verheiratet zu sein, als sich plötzlich für Christoph ein Stellenangebot eröffnete. Eins, das man unmöglich ablehnen konnte. Eine Assistenzarztstelle in einer Klinik, die genau die Bedingungen bot, die Christoph sich immer erhofft hatte. Eine gute Kardiologie, nicht zu viele Dienste, das hörte sich gut an. Da war nur ein Knackpunkt. Das Krankenhaus lag ziemlich weit weg. Und zwar in Richtung Provinz. Wir mußten umziehen, ganz klar, und zwar möglichst schnell.

Der Abschied fiel uns zunächst auch gar nicht so schwer. Etliche Freunde waren auch gerade im Aufbruch, verstreuten sich über das ganze Land. Es wäre fast traurig gewesen, wenn wir als einzige in unserer Studienstadt zurückgeblieben wären.

Außerdem war uns bewußt, daß ein Leben mit Kind ein ganz anderes sein würde. Mit Kind brauchte man keine Großstadt mehr. Keine überfüllten U-Bahnen und vermüllten Parks. Man brauchte Wiesen und Wälder, wo das Kind spielen und herumtollen konnte. Wo man sich eine große Wohnung oder ein Haus leisten konnte anstelle einer Dreizimmerwohnung im vierten Stock.

Gut, was meine Arbeit anging, so mußte ich mich umstellen. Aber immerhin hatte ich als freie Übersetzerin viele Möglichkeiten. Ich konnte meine Auftraggeber auch aus der Ferne versorgen, soweit Schwangerschaft und Baby diese Arbeit überhaupt zuließen. Ich war flexibel, und so verstand ich es als eine Fügung des Schicksals, daß Christoph diese Stelle bekam.

Vielleicht war es einfach die dunkle Jahreszeit, die es mir dann plötzlich doch so schwer machte. Ich fühlte mich furchtbar allein. Christoph arbeitete ohne Unterlaß auf seiner neuen Stelle. Ich kannte keinen Menschen in der neuen Stadt, außerdem bekam ich Schwangerschaftsdepressionen. Mittlerweile war ich zu einem unförmigen Hefekloß geworden, mein Bauch war von klaftertiefen Schwangerschaftsstreifen überzogen, und ich tat alles, um das im Körper angesammelte Wasser mit Schokolade zu verdicken, um eine Art Kakaomasse herzustellen.

Es war fürchterlich. Morgens stand ich in aller Frühe mit Christoph auf, las in der Zeitung über die Jahreshauptversammlung des Imkervereins, für die ich mich unter normalen Bedingungen nicht mal interessieren würde, wenn ich Biene Maja hieße, und wartete dann auf den nächsten Höhepunkt des Tages, das Eintreffen der Post. Vielleicht hatte mir ja jemand eine Karte geschrieben, jemand, der noch nicht vergessen hatte, daß Christoph und ich auf ewig in die Provinz abgetaucht waren.

Zwischendurch dann der Versuch, unsere Doppelhaushälfte in ein Heim zu verwandeln. Umzugskisten auspackend, Bücher einräumend, immer wieder Pausen einschiebend, denn mein Kind forderte seinen Tribut.

Schnell wurde mir klar, daß ich einen neuen Freundeskreis brauchte. Sicher, unsere alten Freunde würden bleiben. Man würde versuchen, sich am Wochenende zu treffen, soweit die Umstände das möglich machten. Aber ich brauchte auch hier Menschen. Leute, mit denen ich auch an einem schnöden Mittwoch reden konnte. Und zwar über etwas anderes als über die Aktivitäten des

Imkervereins.

Ich kam mir vor wie eine Zehnjährige. Wer sollte meine Freundin werden?

Vielleicht die Frau im Buchladen? Die sah nett aus. Aber wie konnte man mit ihr über ein anderes Thema als Bücher sprechen? Außerdem war sie wahrscheinlich von hier, hatte 286 Bekannte, die sie kaum in ihrem Terminkalender unterbringen konnte, und nicht im mindesten Interesse an einer depressiven, kakaogefüllten Zugezogenen.

Zwischenzeitlich glaubte ich, allein der Bofrost-Mann habe ein ernsthaftes Interesse an mir. Jedenfalls beschränkte sich mein sozialer Kontakt ausschließlich auf ihn. Ich hätte nie gedacht, daß ich einmal mein Herz an den Bofrost-Mann verlieren könnte. Meine Phantasien gingen so weit, daß ich wahrscheinlich bald mit ihm durchbrennen würde. Ich würde meinen hartherzigen Mann, den karrieregetriebenen Arzt, verlassen, der nur noch Sinn für seine Arbeit, nicht aber für seine schwangerschaftsgestreifte Frau aufbrachte.

Der Bofrost-Mann und ich, wir würden türmen, mit seinem Schockfrostwagen. Niemand würde uns aufhalten. Niemand. Ich war wild entschlossen, als es klingelte. Heute würde ich mich ihm an den Hals werfen, dem Bofrost-Mann. Ich würde ihm sagen: „Nimm mich, denn ich bin wie heiße Schokolade auf deinem Eis oder wie eine verführerische Kartoffel neben deinen Fischstäbchen."

Leider stand nur meine Nachbarin vor der Tür. Ich hatte sie noch nicht richtig unter die Lupe genommen, weil sie ständig unterwegs war. Auch diesmal hatte sie nicht viel Zeit. Aber sie wollte mich einladen. Schon für übermorgen. Nur mich, von Christoph war nicht die Rede. Wahrscheinlich hatte sich schnell herumgesprochen, daß mein

Mann viel arbeitete. Mein armer Mann, der für Kind und Ehefrau schuftete.

Natürlich sagte ich zu, ich freute mich. Das würde der Anfang sein, der Beginn einer wunderbaren Freundschaft, aus der sich Tausende von Kontakten ergaben. Ich war glücklich.

Ich hätte stutzig werden müssen, als ich als einzige mit einem Geschenk vor der Tür stand. Die anderen beiden Frauen waren völlig ohne da. Nun, sie hatten sich wahrscheinlich zusammengetan und ein Gemeinschaftsgeschenk besorgt. Dabei hatte man natürlich noch nicht an mich gedacht. Diesmal noch nicht. Aber beim nächsten Mal würde das anders sein, ganz sicher.

Ein Frauenabend! Wunderbar. Ich liebte Frauenabende. Wie hatte ich es geschätzt, wenn ich in Köln mit meinen Freundinnen losgezogen war, wunderbar albern und auf Spaß aus. Gut, hier in der Kleinstadt ging man nicht in die Kneipe, die gab es einfach nicht in Hülle und Fülle. Hier schwofte man zu Hause. Auch gut! Ich war aufgeregt wie vor meinem ersten Kindergeburtstag.

Ich reagierte nicht sofort, als ich die vielen Plastiktöpfe auf dem Wohnzimmertisch stehen sah. Es dauerte einige Sekunden, bis sich bei mir so etwas wie Erkenntnis einstellte. Dann muß ich ziemlich fassungslos geguckt haben, denn prompt wandte sich die Gastgeberin an mich:

„Sie kennen doch eine Tupper-Party, oder?"

Eine Tupper-Party!

Ich auf einer Tupper-Party!

Ich, die ich noch vor wenigen Wochen zu den originellsten Events der Stadt eingeladen gewesen war.

Eine Tupper-Party.

Eine Plastikpott-Verkaufsveranstaltung.

„Natürlich", murmelte ich und ließ mich zu den anderen Frauen auf die Ledercouch fallen.

Es wurde auch nicht lange gefackelt, sondern ging sofort zur Sache. Aus der Küche trat eine Dame in einem lila Lederanzug, die aussah, als sei sie gerade einer Tüte Gummibärchen entsprungen. Einer neuen Sorte Gummibärchen in der Farbe Lila.

„Ich bin Frau Schnattke", sagte das lila Gummibärchen und lächelte verbindlich.

Ich hatte noch nie jemanden erlebt, der sich selbst mit Frau Dingenskirchens vorgestellt hätte. Entweder nur den Nachnamen oder Vor- und Nachnamen, aber doch nicht: *Ich bin Frau Schnattke.*

Zu meiner Freude sah ich, daß auf dem gläsernen Wohnzimmertisch mehrere Schälchen mit Erdnüssen standen. Hemmungslos griff ich zu. Frau Schnattke begann, über ihre Plastiktöpfe zu erzählen. Sie sind ja so praktisch. Für das Picknick im Grünen, für die Ordnung im Küchenschrank, für das Schulbrot der lieben Kleinen. Die Töpfe hatten ganz abenteuerliche Namen. Neben der *Mamsell* und dem *Naschkätzchen* gefiel mir der *Frische-Pavillon* am besten.

Dann wandte sich Frau Schnattke plötzlich an mich: „Ich sehe, wir haben auch eine werdende Mutti dabei!" Frau Schnattke strahlte mich an.

Eine werdende Mutti!

Mir kullerten ein paar Erdnüsse aus der Hand und verirrten sich in den Falten meines Schwangerschaftspullovers, der die Ausmaße eines Pfadfinderzeltes hatte.

„Gerade wenn etwas Kleines unterwegs ist, sollte man auf alles vorbereitet sein", faselte das Gummibärchen weiter.

Etwas Kleines.

Konnte diese Frau sich nicht vernünftig ausdrücken?

„Es soll ein Baby werden", brummte ich. „Auch wenn es von außen nicht so aussieht. Es soll tatsächlich ein Baby werden."

Frau Schnattke verlor einen Moment die Fassung, dann fing sie sich wieder.

„Bald werden Sie an nichts anderes mehr denken als an Ihren kleinen Liebling. Babybrei anrühren, Essensreste aufbewahren, die Flasche aufwärmen – alles will gleichzeitig erledigt werden, da können wir Ihnen mit unseren Produkten hilfreiche Dienste erweisen."

„Kommen Sie auch zum Wickeln?" fragte ich und wußte, daß ich in diesem Kreis längst verloren hatte. Wie zur Betäubung steckte ich mir weitere Erdnüsse in den Mund. Wahrscheinlich hatte mein Inneres inzwischen die Konsistenz einer Vollmilch-Nuß-Schokolade angenommen.

„Ja, die Zeit vor der Entbindung ist wahrlich eine aufregende Zeit", überging Frau Schnattke gekonnt meine Bemerkung. „Wir anderen Muttis können da ein Lied von singen, nicht wahr?"

Frau Schnattke gierte nach Zustimmung.

„Ich bin gar keine Mutti", sagte eine Frau mit ziemlich vielen Sommersprossen im Gesicht. Ich konnte die Bemerkung nicht einordnen.

„Na, was nicht ist, kann ja noch werden", scherzte Frau Schnattke und hielt sich neckisch die Hand vor den Mund. Da sie sich dabei ein wenig vorbeugte, hatte ich das Gefühl, ihr lila Gummibärchenanzug würde gleich platzen.

„Ich bin zwar Mutter, aber ich bin nicht Mutti", sagte die Frau mit den Sommersprossen. Ich blickte sie erstaunt an. Wollte sich da jemand auf meine Seite schlagen? Die anderen Frauen kicherten. Auch sie wurden langsam frecher.

Frau Schnattke merkte sofort, daß ihr Verkaufsgespräch

auf der Kippe stand. Sie war professionell. Sie würde alles retten.

„Mutter, Mama, Mutti, Mami", fing sie die Situation auf. „So viele Namen für ein und dieselbe Sache. Darüber wollen wir uns doch nicht streiten, nicht wahr?"

Jetzt schaltete sich plötzlich eine andere Frau ein. Sie blickte leicht versonnen, als sie sprach. „So viele Namen für ein und dieselbe Sache", sagte sie mit verträumtem Blick auf den Wohnzimmertisch, „Plastikpötte."

In meinem Bauch hüpfte nicht nur mein Kind, sondern auch eine Unmenge verrückt gewordener Erdnüsse.

Ich sah mich vergnügt in der Runde um. Die anderen grinsten mich an. Ich war mir sicher: Das würde noch was mit den Frauenabenden.

Es könnte phantastisch werden.

Auch wenn wir den Sekt aus Plastiktöpfen schlürfen würden!

Schöne Bescherung

Die Sache war eigentlich nicht richtig riskant. Schließlich waren es noch zwei Wochen bis zum Geburtstermin. Wir konnten also getrost Weihnachten im Schoße von Christophs Familie verbringen, auch wenn wir dazu eine zweistündige Autofahrt auf uns nehmen mußten. Irgendwie hatte ich Lust, unser neues Heim einmal hinter uns zu lassen. Zwar hatten wir uns inzwischen etwas besser eingelebt, aber Weihnachten war für mich nach wie vor ein Fest, das ich im Kreise der Familie feiern wollte. Wer wußte denn, wann wir die Verwandtschaft das nächste Mal treffen würden! Mit einem kleinen Säugling würde schließlich bald alles viel komplizierter werden.

Daß ich auf der Hinfahrt Wehen bekam, wischte ich gedanklich beiseite. Es handelte sich wieder einmal nur um Vorwehen. Bauch und Kind trainierten, damit wir alle in zwei Wochen gekonnt eine Geburt hinlegten. Und was für eine Geburt!

Ich war perfekt vorbereitet. Es gab keine Geburtsstellung, die ich mit Christoph nicht ausreichend ausprobiert hatte. Ob in der Hocke, auf dem Gebärstuhl, in der Badewanne – keine Technik war mir verborgen geblieben. Und auch der Weg hin zur Geburt war bestens geplant. Christoph und ich konnten im Duett wie Seehunde jaulen, wie Jagdhunde hecheln oder einen Walgesang anstimmen. Alle Methoden, die helfen konnten, den Schmerz zu verringern, das Kind zu unterstützen und die eigenen Nerven zu beruhigen, hatten wir drauf. Auch wenn Christoph im Schwangerschaftskurs bei der Traumreise für werdende Eltern mehrfach eingeschlafen war und die übrigen Teilnehmer durch anhaltendes Schnarchen aus dem Konzept gebracht hatte - unsere Geburt würde der anthroposophisch-esoterisch-medizinisch-harmonische Knüller werden! Davon waren wir auf der zweistündigen Autofahrt zu Christophs Eltern noch überzeugt.

Erste Zweifel traten bei mir auf, als sich die Schmerzen im Bauch zur Kaffeezeit deutlich verstärkten. Mein Schwiegervater erzählte spaßeshalber, er habe noch vor kurzem eine Hausgeburt in einem Western gesehen. Es brauche sich nur jemand um heißes Wasser zu kümmern. Ich konnte darüber noch lachen, Christoph schon nicht mehr. Er wollte nach Hause. Dabei hatten wir noch gar nicht zu Abend gegessen. Jetzt kann ich es ja zugeben. Während der Schwangerschaft war ich zum Vielfraß mutiert. Meine Gedanken kreisten einzig und allein um die nächste Mahlzeit. Wie konnte Christoph da von mir verlangen, schon jetzt nach Hause zu fahren?

Außerdem hatten wir noch gar nicht unsere Geschenke ausgepackt. Apropos Geschenke. Ich weiß auch nicht, wer die dämliche Idee hatte, daß Christoph und ich unsere Geschenke nicht etwa in trauter Zweisamkeit, sondern in der Runde seiner lästernden Familie austauschen sollten. Ich hätte es besser wissen und diese Szene verhindern müssen. Es war doch immer dasselbe. Kaum hatte einer das Geschenkpapier von einer liebevoll ausgesuchten Kleinigkeit gelöst, da fing die Stichelei auch schon an. Christoph hatte drei ältere Schwestern: Gerlinde, die nicht verheiratet war, dann Friederike mit ihrem Mann Bernd und die jüngste der drei Schwestern, Annika, mit Harald. Man konnte viel Spaß mit der Truppe haben, aber genausogut schafften es die drei Schwestern regelmäßig, sich gegenseitig mit spitzen Bemerkungen auf die Palme zu treiben.

Darüber hinaus trug zur allgemeinen Unterhaltung in Christophs Familie wesentlich seine Oma bei. Oma, die die Fähigkeit besaß, bei ausnahmslos jedem Thema auf vergangene Zeiten zu sprechen zu kommen. Oma, die außerdem von einer Sparsamkeit beseelt war, die sich mit der von Dagobert Duck messen lassen konnte. Jetzt, da das allgemeine Geschenkeauspacken anstand, saß Oma schon in Habachtstellung. Mit nicht zu bremsender Ausdauer sammelte sie bei jeder Feierlichkeit das Geschenkpapier ein. Mit ihren Vorräten hätte sie Schlösser tapezieren können. Trotzdem war sie auf jeden Fitzel erpicht, als müßte sie damit ihren Lebensabend finanzieren.

Jetzt allerdings kam die Stunde von Christophs Schwester Gerlinde!

Sie hatte wieder selber gebastelt.

Stickbilder diesmal.

Ich konnte es nicht glauben. Gerlinde verfolgte als Chemikerin einen anspruchsvollen Beruf. Gerlinde war eigentlich immer im Streß. Wie kam sie dazu, sich in ihrer Freizeit mit kleinen Basteleien zu quälen? Und wie kam sie dazu, ihre Mitmenschen im Anschluß mit den selbstgebastelten Ergebnissen zu malträtieren?

Mein Schwager Bernd starrte auf sein Stickbild. Es war ein Pferd, das aus einer Box herausgrinste. Bernd starrte mit demselben Blick das Pferd an. Er war ent-

30

setzt, ganz klar. Gleich würde er Gerlinde fragen, ob sie das ernst meinte. Gerlinde dagegen wartete gespannt auf eine begeisterte Reaktion.

„Das gibt's nicht", sagte Bernd.

Ich mußte die Situation retten. Gut, ich war hochschwanger. Ich würde wahrscheinlich gleich auf dem Wohnzimmertisch mein erstes Kind zur Welt bringen, assistiert von einem ungläubigen Schwager, einer stikkenden Schwägerin, drei weiteren Statisten und einem Schwiegervater, der mal eine Hausgeburt im Fernsehen gesehen hatte. Trotzdem: Ich mußte die Situation retten. Und wenn es das Letzte war, was ich tat.

„Er kann es gar nicht glauben", trällerte ich vergnügt. „Daß du dir aber auch immer so viel Arbeit machst."

Hektisch riß ich mein Stickbild auf, um jegliche Aufmerksamkeit auf mich zu lenken.

Es war noch schlimmer. Wenn etwas noch schlimmer als ein aus einer Box schielendes Pferd sein kann, dann war es das Motiv auf meinem Stickbild.

Ein Babymotiv. Zwei Babyschühchen, eins rosa, eins hellblau, baumelten an ihren Schnürsenkeln herab. Jetzt starrte auch ich fassungslos.

„Ich habe beide Farben genommen", erklärte Gerlinde völlig ernst. „Weil ihr ja noch nicht wißt, was es ist."

Jetzt nur nicht Christoph angucken, sagte ich mir. Wenn ich jetzt Christoph anguckte, gäbe es kein Halten mehr. Ich spürte praktisch schon, wie er neben mir ein Herausprusten nur schwerlich unterdrücken konnte.

„Wenn es so weit ist, kann ich auch noch den Namen danebensticken", fügte Gerlinde hinzu.

In diesem Augenblick verstand ich, daß jeder Mensch zwei Gehirnhälften hat. Die eine ist zum Denken da. Wahrscheinlich ist das die linke. Mit dieser Gehirnhälfte hatte Gerlinde ihr Spitzenabitur gemacht, ihr Studium heruntergerissen, und mit dieser Gehirnhälfte ging sie jeden Tag zur Arbeit. Mit dieser Gehirnhälfte fabrizierte Gerlinde auch durchaus gelungene Witze. Sie schaffte es damit, ihre Einkäufe zu erledigen und Auto zu fahren. Aber dann gab es da noch die andere Gehirnhälfte. Die kam nur selten zum Einsatz. Gott sei Dank. Diese Gehirnhälfte schaltete sich abends ein, wenn Gerlinde gerade ein Glas Rotwein trank. Und diese Gehirnhälfte machte Vorschläge wie: *Du könntest doch heute mal ein Stickbild machen. Nelly würde sich sicher freuen.*

Das waren schreckliche Vorschläge. Man mußte ernsthaft darüber nachdenken, ob man diese Gehirnhälfte in Gerlindes Fall nicht vielleicht ausschalten konnte. Vor lauter Elend überkam mich eine heftige Wehe. Ich überlegte, wie lange es noch bis zum Abendessen dauern würde.

Christophs Oma hatte sich inzwischen das Geschenkpapier gegriffen. „Daß ihr aber auch immer so aufreißen müßt", schimpfte sie. „Da ist ja kaum noch ein brauchbares Stück dabei. Ihr habt den Krieg nicht miterlebt. Da hat man gelernt, die Dinge zu schätzen. Aufbügeln, falten und das Papier ist wieder wie neu."

Jetzt fehlte eigentlich nur noch Omas Apfelsinen-Story.

Meine Schwägerin Annika packte inzwischen ein kleines Päckchen aus, das deutlich nach Schmuck aussah. Es waren Ohrringe.

Gut, nicht ganz mein Geschmack, aber für mich waren sie ja auch nicht bestimmt. Die erste Reaktion kam, als Harald, der Schenker, das Zimmer verließ, um draußen eine zu rauchen.

„Waren die nicht jetzt neulich in der Tchibo-Werbung?" fragte Friederike und grinste hämisch.

„Halt dich zurück", fauchte Annika. „Mir gefallen sie

ja auch nicht, aber Tchibo? Niemals."

Inzwischen packte ich das Päckchen aus, das ich von Christoph bekommen hatte.

Ein Terminplaner aus Büffelleder. Wahrscheinlich hatte er ein Heidengeld gekostet. Aber ein Terminkalender – was sollte ich damit in meiner Situation? Meine Besuche beim Kinderarzt eintragen?

„Gib mal her!" kommandierte Gerlinde. „Ich glaube, den hatten wir dieses Jahr als Werbegeschenk dabei. Hätte ich euch für null Mark besorgen können."

Christophs Adamsapfel wechselte gut erkennbar die Position.

Inzwischen war Harald, der Ohrringschenker, wieder eingetreten.

„Und, gefallen sie dir?" fragte er und sah seine Annika versonnen an.

„Jede Woche eine neue Welt!" trällerte Friederike, und neben mir vibrierte das Sofa.

„Daß ihr es doch gut habt", sagte Oma in die Peinlichkeit hinein. „Früher gab's bei uns zu Weihnachten nur eine Apfelsine."

„Aber nur, wenn's ein gutes Jahr war", ergänzte Christoph.

Eine Sekunde später wußte ich es. Mit einem Mal war es mir völlig klar. Das, was ich bisher erfolgreich verdrängt hatte, ließ sich keinen Augenblick länger verleugnen. Ich bekam gerade mein Kind. Und es würde nicht mehr lange dauern.

„Ich bekomme gerade mein Kind", sagte ich folgerichtig. „Und es wird nicht mehr lange dauern."

Ich weiß nicht, was in meiner Stimme lag. Aber allen war deutlich anzumerken, daß sie mir vollständig glaubten. Kein Witz über eine Hausgeburt. Kein Witz über heißes Wasser. Überhaupt kein Witz.

„Wir fahren sofort ins Krankenhaus", entschied Christoph. „Das dauert keine Viertelstunde."

„Wir fahren ins Krankenhaus", hielt ich dagegen. „Aber wir fahren nach Hause, in deine Klinik, wo wir wissen, wo wir dran sind."

Wieder sprach ich wohl mit einer solchen Sicherheit, daß Christoph keinen Protest einlegte. Zwei Minuten später saßen wir im Auto. Meine Schwiegermutter lief hinter uns her. Christoph hielt genervt noch einmal an.

„Hier, der Nachtisch." Seine Mutter stellte ihn auf den Rücksitz. „Falls Christoph im Krankenhaus Hunger bekommt."

Rührend diese Fürsorge. Christoph raste mit quietschenden Reifen davon. Das Plopp des Desserts hörten wir bereits nach wenigen Sekunden. Eine der ersten Handlungen als gewordener Vater würde für Christoph sein, den Rücksitz vom Sahnepudding zu befreien.

Die Fahrt war der reine Horror. Ich bin keine ängstliche Beifahrerin. Aber Christophs Citroen war kein Luxuswagen, dem man die Geschwindigkeit nicht anmerkte. Vielmehr hatte ich den Eindruck, daß sich mein Magen genau in dem Maße nach außen stülpte, wie sich der Tachozeiger nach rechts streckte. Und der Zeiger streckte sich weiter, als ich jemals zuvor erlebt hatte.

Mein Magen auch.

Wenn eine Ampel auftauchte, schloß ich automatisch die Augen. Ich wollte nicht wissen, bei welcher Farbe wir diesmal über die Kreuzung bretterten.

Christoph klebte direkt hinter dem Lenkrad. Es schien, als führe er um sein Leben. Ununterbrochen tropften ihm dabei Schweißperlen aufs Knie. Ich selbst konzentrierte mich zwangsläufig auf die digitale Zeitanzeige, die direkt vor mir aufleuchtete. Ich hatte dadurch die Wehenabstände genau im Blick. Allerdings war das nicht gerade eine beruhigende Position. Mit neun Minuten waren wir eingestiegen. Jetzt waren wir fast eine Stunde unterwegs und bei fünf Minuten angelangt. Ich versuchte mich zu entspannen. Was waren das noch für Übungen in unserem Schwangerschaftskurs gewesen? Wie ein Seehund jaulen? Wie ein Wal singen? Nichts hätte mir jetzt unpassender erscheinen können. Ich wollte einfach irgendwo in Ruhe liegen in der Hoffnung, daß fremde Menschen mein Kind aus mir herausholten, so daß diese unerträglichen Schmerzen aufhörten.

„Eine Geburt ist ein wichtiges sexuelles Erlebnis", hatte meine Freundin noch vor zwei Wochen zu mir gesagt. Allerdings kannte sie sich bislang nur theoretisch mit so etwas aus. Ich wußte es jetzt besser. Von wegen „sexuelles Erlebnis". Eine Geburt war Arbeit. Eine Geburt war Schmerzen. Unter einem sexuellen Erlebnis verstand ich eindeutig etwas anderes.

„Wie ist das nochmal?" hörte ich Christoph neben mir fast tonlos murmeln. „Direkt abklemmen? Oder wie?"

Ich starrte ihn an. Wovon sprach er? Er spürte meinen Blick und versuchte beruhigend auf mich einzureden.

„Ich meine nur, falls wir es nicht mehr ins Krankenhaus schaffen. Auch kein Problem. Ich mach' das dann schon mit der Nabelschnur."

Er machte das dann schon mit der Nabelschnur! Wie gütig! Mit dem Rest würde ich ja auch locker alleine klarkommen. Scherzkeks. Außerdem wußte ich, was es bedeutete, mit einem Arzt zusammenzusein. Christoph konnte eine OP mit hundert Litern Blutverlust problemlos wegstecken. Sollte er mir aber einen Splitter rausziehen, war er hilflos überfordert. Als ich meinen Finger in den Pürierstab bekommen hatte, war ihm schlecht geworden. Ein echter Held. Ich konnte mir nichts Schöneres vorstellen, als mit ihm allein auf einem einsamen Auto-

bahnparkplatz dieses wichtige sexuelle Erlebnis durch-
zuziehen.

Die nächste Wehe.

Ich stöhnte. Vier Minuten nur.

„Wir haben's gleich geschafft."

Tatsächlich. Wir verließen die Autobahn. Jetzt würde
es nicht mehr lange dauern. Man kriegte ein Kind vielleicht auf der Autobahn, aber nicht auf der Zufahrt zum
Krankenhaus. Hatte ich jedenfalls noch nie in der Zeitung gelesen. Christoph gab nochmal alles. Als er direkt
vor dem Haupteingang des Krankenhauses abrupt brem-
ste, hatte er 80 Minuten für eine Strecke gebraucht, für
die wir sonst zwei Stunden benötigten. Wir waren da. Es
konnte losgehen.

„Ich hole ein Bett", brüllte Christoph und rannte los.

„Nein", brüllte ich zurück. Die Wehe war vorbei. Ich
konnte laufen. Christoph war verschwunden. Langsam
steuerte ich am Pförtner vorbei Richtung Aufzug. Christoph war nirgends zu sehen. In den zweiten Stock. Wer
wußte das besser als ich? Schließlich hatten wir alles
schon hundertmal durchgespielt. Christoph hatte mir
schon vor Wochen den Kreißsaal gezeigt. Ich wußte
Bescheid. Vom Aufzug waren es nur ein paar Schritte
bis zum Kreißsaal. Ich klingelte. Dann öffnete eine Hebamme die Tür.

„Dann wollen wir mal!" sagte sie seltsam tonlos und
nahm mich am Arm. Heute weiß ich, was sie dachte:
*Warum pest ihr durchgeknallter Ehemann durchs
Haus und sucht ein Transportbett? Warum telefoniert
er herum und bereitet alle auf die anstehende Geburt
vor? Warum ist dieser Mistkerl nicht bei seiner Frau?*

Ich weiß die Antwort. Christoph war nicht zurechnungs-
fähig. Der 80minütige Adrenalinhochstand im Auto hatte
ihn außer Gefecht gesetzt. Er rannte herum und organi-

sierte ein Zimmer für mich. Er sorgte dafür, daß dort das Telefon funktionierte. Er machte Leute verrückt, die mit unserer Geburt überhaupt nichts zu tun hatten. Er war vorübergehend nicht bei Verstand.

Er war schlichtweg nicht bei Verstand.

Unser Kind kam sehr schnell. Drei Preßwehen dauerte es nur, dann war er da, der Kleine.

Wer nicht da war, war Christoph. Mit ein paar Minuten Verspätung stürmte er herein, und er sah aus wie ein Irrer. Die Haare schweißverklebt, die Brille schief. Es fehlte nur noch, daß er mit den Augen gerollt hätte.

„Ich mußte nur noch was erledigen", brabbelte er. „Ich habe eine Rolle Paketband im Handschuhfach deponiert. Damit kann man unterwegs am besten die Nabelschnur abbinden. Man muß sie nämlich gar nicht ab*schneiden*", erklärte er mir auf dem Höhepunkt des Schwachsinns. „Man muß die Nabelschnur nur ab*binden*. Das geht am leichtesten mit einfachem Paketband. Am besten hat man immer eine Rolle dabei."

Ich bemerkte, wie die Hebamme und der Arzt Christoph anstarrten. Sie überlegten augenscheinlich, ob sie ihn in eine geschlossene Abteilung weiterreichen sollten.

„Christoph", sagte ich und hob die Decke ein wenig, unter der das blutverschmierte Etwas auf meiner Brust lag. Christoph starrte es an. Die Augen des Kleinen waren schon auf und blitzten ganz dunkel aus dem rot-runzligen Gesicht hervor.

„Hier ist dein Sohn", sagte ich und strich über die nassen, schwarzen Strähnen, die das Köpfchen umgaben.

Aus Christophs Gesicht war jede Spur von Wahnsinn gewichen. Er begann zu weinen.

Von diesem Augenblick an war Christoph ein anderer Mensch.

Ich weiß, es hört sich pathetisch an zu behaupten, Christoph sei durch die Geburt unseres Justus ein anderer Mensch geworden. Trotzdem – es stimmt. Und ich bin sicher, er ist kein Einzelfall. Ich habe noch andere Männer erlebt, die bislang eiskalte Managertypen waren und plötzlich schwach wurden, als ihre Tochter zum ersten Mal „Papa" sagte. Ein Freund von uns hat ein Ingenieurbüro. Er sagt, er habe kürzlich in seiner Arbeitszeit drei Stunden in der Stadt nach einem Schulbuchumschlag gesucht, weil seine Tochter glaubte, die Lehrerin würde sie nicht mehr lieben, wenn sie bis zum nächsten Tag nicht den passenden Umschlag habe.

Unser Nobelhochzeiter Peter war zeit seines Lebens ein passionierter Saab-Fahrer. Der Mann sah immer geleckt aus, und es war für uns praktisch unvorstellbar, daß er jemals ein Kind haben sollte, das ihm nicht nur regelmäßig sein frisch gestärktes Oberhemd besudelte, sondern außerdem noch nach einer Familienkutsche verlangte. Heute fährt Peter einen Van. Das Schicksal hat ihm gleich beim ersten Mal Zwillinge beschert. Saubere Oberhemden sind ihm einfach nicht mehr wichtig.

Ein weiteres Aha-Erlebnis hatten wir, als unser Münsteraner Traditionshochzeiter Clemens uns seinen Sohn vorstellte. Der Kleine war ein Wunder der Natur, was Fettansammlung auf einem Minimum an Raum angeht. Björn, so hieß der kleine Buddha, war durch gute Muttermilch zu einer Aneinanderreihung von Röllchen geworden und damit beinahe zur Bewegungsunfähigkeit verdammt. Schon auf den ersten Blick war klar, daß Papa Clemens den Blick für die Realität vollends verloren hatte. Er strahlte seinen Kleinen an, knuffte ihn in die Seite, was Klein-Björn wegen seiner Fettschutzhülle glatt entgangen sein dürfte, und sagte. „Er ist schon ein Racker, unser Kleiner."

Gut, es mag nicht immer so sein, daß Männer sich in ihrer Paparolle pudelwohl fühlen. Aber Christoph ist so einer. Ich hatte es vorher nie gedacht, denn Christoph hatte immer seine Freiheit gebraucht. Durchzechte Nächte mit seinen Kumpels. Urlaube. Hier und da ein Flirt mit einer netten Partybekanntschaft. Ich hatte damit zu leben gelernt - aber Christoph als Papa? Das hatte ich mir nie so richtig vorstellen können. Und dann das.

Christoph ist kein Vater. Christoph ist ein Über-Vater.

Wenn Justus Fieber hat, ruft er alle zwei Stunden aus dem Krankenhaus an. Wenn Justus „Öh" sagt, sieht Christoph darin Ausdrücke eines Genies. Wenn unser Justus ihn anlächelt, schwebt er irgendwo zwischen Wolke sieben und acht.

Partybekanntschaften? Wenden sich in der Regel genervt ab, wenn Christoph von den Verdauungsproblemen seines Sohnes erzählt.

Urlaub? Aber nur, wenn unserem Justus die Fahrt nicht zuviel wird.

Durchzechte Nächte? Bestenfalls, um dem Kleinen unentwegt den Schnuller reinzuschieben.

Christoph ist glücklich. Wie ich schon sagte – seit Justus ist er ein anderer Mensch.

Mord in der Spielgruppe

Wissen Sie, was das Beste an Spiel- und Krabbelgruppen ist? Daß man irgendwann nicht mehr hinmuß. Nämlich dann, wenn das Kind in den Kindergarten geht und dort auf genügend Altersgenossen trifft. Bestenfalls die Mutter-und-Kind-Turngruppe muß man sich noch etwas länger antun. Aber auch das hört irgendwann auf. Zum Beispiel dann, wenn man das Kind endlich beim Fußball oder Schwimmen anmelden darf.

Es wundert mich, daß in Krabbel- und Spielgruppen nicht häufiger Morde passieren. Man hört ja recht selten darüber. Mir wäre beinahe gleich beim ersten Mal einer passiert – und das, obwohl ich sonst als friedfertig gelte.

Ich erinnere mich noch genau. Irgendwann konnte ich mich einfach nicht mehr gegen die Einsicht erwehren, daß ich für unseren Justus nicht die gleichaltrigen Spielkameraden ersetzen konnte. Außerdem war mir klar, daß so eine Gruppe ja auch eine Chance war. Eine weitere Möglichkeit, Leute kennenzulernen. Leute mit Kind, in derselben Situation wie ich. Ich hatte mich daher für die Spielgruppe von Linda Wellenbrink entschieden. Die Frau war eine Klassikerin unter den Krabbelgruppenleiterinnen, hatte mir Beate erzählt. Beate war die Sommersprossige aus meiner ersten Tupper-Erfahrung. Und Beate kannte sich aus, wenn es um Spielgruppen ging, denn sie hatte schließlich selbst zwei Kinder. Bei Linda werde gebastelt, gesungen, gespielt – und zwar in ganz lockerer Atmosphäre, wie Beate beteuerte.

Trotzdem war ich schon ein wenig aufgeregt, als Justus und ich uns zum ersten Mal zur Spielgruppe auf den Weg machten. Schon von draußen hörte man aufgeregte Unterhaltungen. Kein Wunder, die anderen Mütter kannten sich schon, Justus und ich waren Quereinsteiger.

Drinnen bildete man gerade einen Kreis, alle Mütter fuchtelten mit ihren Kindern herum, nur eine war ohne. Das mußte Linda sein.

„Hallöchen, ihr seid doch bestimmt der Justus und die Nelly!" flötete sie. „Kommt, bringt euch sofort ein! Der Kreis nimmt euch gerne auf. Wir wollen uns gerade begrüßen." Ich nickte, grapschte nach Justus, der sich just auf einen herumstehenden Trecker stürzen wollte, und faßte die Hand einer verschwitzten Mutter, die so abgekämpft aussah, als käme sie gerade vom Krafttraining.

„Hallo, hallöchen, liebe Kinder, hier seid ihr wieder bei der Linda!" tönte Linda freudestrahlend. Sie sprach „Kinder" aus wie „Kinda", so daß es sich auf „Linda" reimte. Linda beugte sich herab, um auf gleicher Höhe mit den Kindern zu sein. „Meine kleinen Zwerge, ihr habt eure Linda ja noch gar nicht begrüßt. Dann rufen jetzt mal alle kleinen Zwerge 'Hurra'."

Die Kinder schienen das Manöver schon zu kennen. Sie brüllten wild durcheinander. Hier und da war ein „Hurra" zu identifizieren. Justus sah aus, als würde er gleich in Tränen ausbrechen.

„Hallo, hallöchen, meine großen Zwerge!" sprach Linda jetzt uns Erwachsene an. „Auch ihr habt ja eure Lin-

da noch gar nicht begrüßt. Dann rufen jetzt mal alle großen Zwerge 'Hurra'!"

Träumte ich? War ich hier im Kasperletheater für durch-
geknallte Mütter gelandet? Ich war gespannt auf die
Reaktion. Einige Mütter riefen tatsächlich 'Hurra', taten
aber so, als sprächen sie zu ihren Kindern, andere waren
urplötzlich mit etwas anderem wie Naseputzen beschäftigt. Linda war unbeirrbar und sprach weiter: „Klasse,
daß ihr alle da seid! Seid ganz locker wie immer, laßt
alles raus! Seid einfach ihr selbst!"

Mir war ganz unwohl. Das Ganze hatte eindeutig mehr
von einer Selbsterfahrungsgruppe für unverstandene
Mütter als von einer Spielgruppe.

Linda wandte sich wieder an uns. „Ich würde sagen,
laßt den Kleinen erst mal eine offene Phase und nutzt die
Zeit, um euch auszutauschen."

Die Kinder hatten Lindas Vorschlag längst vorwegge-
nommen und zu spielen begonnen. Justus und ein Mädchen hantierten an einer Spielküche herum, drei andere
Kinder balgten sich um einen Puppenwagen. Ich stand
etwas blöd herum, sah aber schon mit Panik aus den
Augenwinkeln, daß Linda Wellenbrink zielstrebig auf mich
zusteuerte.

„Nelly, geht's dir gut?" wollte sie wissen.

„Wieso, sehe ich blaß aus?" fragte ich verunsichert.

„Das nicht", versicherte sie mir, „aber manche Muttis
brauchen ja zunächst eine Eingewöhnungsphase, bis sie
hier so ein richtiges Wellnessgefühl entwickeln."

Das hätte sie nicht sagen sollen. Sie hätte insgesamt
weniger sagen sollen, aber das mit den *Muttis*, das war
so eine Art Auslöser. Das Wort hatte mich schon auf der
Tupper-Party hochgebracht und war anschließend noch
mit viel unangenehmeren Begegnungen verknüpft worden. Vor allem auf der Wöchnerinnen-Station, kurz nach

der Entbindung, als ich Bekanntschaft mit Schwester Anneliese machte. Schwester Anneliese war eine kräftige, energische Krankenschwester, die ganz genaue Vorstellungen davon hatte, wie eine Wöchnerin ihren Tag zuzubringen hatte. *Nach dem Stillen in aller Herrgottsfrühe bitte nicht nochmal die Augen schließen, sondern sofort zum Duschen, anschließend das Frühstück einnehmen, der Kaffee ist schließlich schon fast kalt, und bitte etwas flotter, damit Sie auch rechtzeitig ins Sitzbad kommen. Und glauben Sie bloß nicht, daß man bei der Wöchnerinnengymnastik auf Sie wartet!*

Natürlich hatte Schwester Anneliese den Tagesablauf auf der Station nicht persönlich zu verantworten. Der Unterschied zu den anderen Schwestern war nur, daß diese gelegentlich ein wenig Mitgefühl zeigten oder einfach nur freundlich waren. Schwester Anneliese dagegen vermittelte einem ständig das Gefühl, man habe es ja nicht anders gewollt, und da müsse man jetzt selbst sehen, wie man damit klarkäme: mit einem kleinen krähenden Winzling, dessen Umgang man noch nicht recht gewohnt war, mit einem Bauch, bei dem auch nach der Geburt die Leute unsicher waren, ob das Kind denn nun schon raus oder noch drin war, und mit einer Brust, bei der sich nach dem Milcheinschuß die Assoziation mit zwei Airbags nicht verleugnen ließ.

All das schien Schwester Anneliese jeder ihrer Patientinnen aufs herzlichste zu gönnen. Das Schlimmste an Schwester Anneliese war jedoch, wie sie ihre Patienten anredete. Schwester Anneliese sprach mich mit einer penetranten Regelmäßigkeit nicht als Frau Wiesner an, sondern als „*Mutti* Wiesner".

„Na, wie geht's uns denn heute, *Mutti* Wiesner?" fragte sie morgens mit einem hämischen Unterton. „Ob es

Mutti Wiesner denn heute wohl noch ins Stillzimmer schafft?"

In einer Sache war ich mir sicher: Ich wollte nicht *Mutti* Wiesner sein, vor allem wollte ich nicht Schwester Annelieses *Mutti* sein. Eigentlich wäre ich am allerliebsten ich selbst geblieben, aber das schien für den Rest der Welt einfach unmöglich zu sein. Das traf auch auf Linda Wellenbrink zu, die Leiterin der Mutter-Kind-Gruppe, die immer noch mit viel zu verständnisvollem Blick vor mir stand.

„Du glaubst ja gar nicht, wie wichtig das Wellnessgefühl bei den Muttis ist, damit hier eine ganz lockere Gesprächsatmosphäre aufkommt", faselte Linda.

„Ach, ist das mit uns Muttis so?" fragte ich in einem Ton, der eigentlich signalisierte, daß mein Wellnessgefühl nicht besonders hoch war.

„Ja, tatsächlich!" flötete Linda. „Manche Muttis wissen am Anfang noch nicht, daß sie hier bei mir alles rauslassen können, wenn ihnen das guttut. Das solltest du unbedingt wissen, Nelly, daß, wenn du ein Problem mit irgendwas hast, daß du das dann unbedingt rauslassen mußt. Bring mir das Gefühl dann direkt heran, Nelly, daran ist mir viel gelegen."

„Du meinst, ich soll wirklich-"

„Natürlich, Nelly, das ist für die Interaktion unter uns Muttis absolut notwendig."

Sie hatte es nicht anders gewollt. Sie hatte sich eingereiht in die Serie lilafarbener Tupperbärchen und sitzbadgestörter Krankenschwestern. Sie hatte es wirklich nicht anders gewollt. Natürlich war es schlimm, daß es vor all den Kindern passierte. Einjährige Kinder sind Aggressionen diesen Ausmaßes ja eigentlich nicht gewohnt. Andererseits war keines der Kinder wirklich verängstigt. Im Gegenteil: Manche machten ganz spontan mit. Andere gesellten sich hinzu, und sogar einige Mütter fielen ein. Es ergab sich eine Art Chor, der nur zum Brüllen eines einzigen Satzes in der Lage war:

ICH BIN NICHT MUTTI - ICH BIN NICHT MUTTI - ICH BIN NICHT MUTTI

Lindas Reaktion war verheerend. Sie taumelte zwei Schritte zurück, ihre Augen standen unnatürlich heraus und ihr Mund öffnete sich ständig, ohne auch nur einen einzigen Laut herauszubringen. Dann kippte sie seitlich weg und fiel auf den roten Wohlfühlkuschelteppich, wo sie halb verdreht mit geschlossenen Augen liegenblieb.

„Da!" sagte Justus und zeigte auf Linda. 'Da' war Justus' Lieblingswort.

„Mach dir keine Sorgen!" sagte eine Mutter kichernd. „Linda macht lediglich eine spontane Wellnessmeditation, um ihr inneres Gleichgewicht wiederzufinden." Tatsächlich gab Linda bereits wieder Lebenszeichen von sich. Sie rieb sich mit geschlossenen Augen die Stirn.

Justus zog an meiner Hand. Er wollte nach Hause. Ich hatte den Eindruck, das war eine gute Idee.

Dann sagte Justus noch etwas.

Justus, der wirklich noch nicht viele Worte beherrschte, sagte klar und deutlich: „Komm, Mutti!"

Abenteuer im Supermarkt

Ich muß jetzt einen Eindruck korrigieren. Sie halten mich für motzig, nicht wahr? Schlimmer noch. Wahrscheinlich glauben Sie, ich sei militant gruppenfeindlich. Sie meinen, ich ginge irgendwohin, in eine bislang intakte glückliche Versammlung, nur um dort Unruhe zu stiften und Menschen unglücklich zu machen. Sie glauben, ich könne mich nicht unterordnen. Ich könne es nicht ertragen, wenn etwas nicht so läuft, wie ich mir das vorstelle. Meine Toleranzgrenze sei extrem niedrig. Ich würde zum Stänkern und Motzen neigen – eine Katastrophe in jeder Gemeinschaft. Das denken Sie doch, nicht wahr?

Ich kann Ihnen versichern, Ihr Eindruck ist falsch. Eigentlich bin ich ein sehr soziales Wesen. Ich habe drei Jahre als Gruppenleiterin bei den Pfadfindern gearbeitet, und einmal habe ich es sogar zur Schülersprecherin geschafft. Meine Lehrer und Dozenten waren immer zufrieden mit mir, meine Arbeitgeber genauso. Ich hatte zu jedem Zeitpunkt meines Lebens einen funktionierenden Bekanntenkreis, und auch mit den Menschen, denen ich im banalen Alltag begegnete, habe ich nie Probleme gehabt.

Meine Ausfälle auf Tupper- und Krabbelveranstaltungen kann ich nur mit Hormonausschüttungen erklären, die irgendwie mit Schwangerschaft und Geburt zusammenhängen. Christoph sagt das auch. Und der ist Arzt.

Mein Verhältnis zu Linda Wellenbrink hat sich nach unserem Zusammenprall auch deutlich verbessert. Als sie aufwachte, hat sie gesagt, sie habe einen ganz verrückten Traum gehabt. Das haben mir die Muttis erzählt, die bei ihr zurückgeblieben waren. Tatsächlich glaubt Linda, die ganze Sache sei gar nicht wirklich passiert. Sie sei schlichtweg in Ohnmacht gefallen und habe das ganze Gebrüll nur geträumt. Zwei Tage später hat sie mich dann angerufen und gesagt, es tue ihr leid, daß bei unserem ersten Besuch alles ein wenig schräg gelaufen sei. Ich hatte ein denkbar schlechtes Gewissen und habe sofort zugesagt, beim nächsten Mal wiederzukommen. Interessanterweise spart Linda sich seitdem die ganze Psychomasche. Sie ist eine super Spielgruppenleiterin. Wahrscheinlich, weil sie so gut geträumt hat.

Nein, wirklich, ich war einfach furchtbar überdreht in der Zeit vor und nach der Geburt. Inzwischen hat sich das gegeben. Die Hormone sind wieder ins Lot gekommen, ich bin geheilt. Manchmal denke ich, der Wendepunkt sei genau der Tag gewesen, an dem ich mit Schwester Ignazia unterwegs war. Dieses Einkaufserlebnis der besonderen Art hat mich zunächst völlig aus dem Konzept gebracht. Doch der Langzeiteffekt war grandios. Ich habe an Gelassenheit gewonnen, und letztendlich habe ich das Schwester Ignazia zu verdanken.

Schwester Ignazia ist die Pfortenschwester an Christophs Krankenhaus. Die Klinik steht nämlich in kirchlicher Trägerschaft. Sie wird geleitet von einem katholischen Schwesternorden. Und dazu gehört auch Schwester Ignazia, die an der Pforte arbeitet und nach Christophs Einschätzung eindeutig die weltoffenste und unkomplizierteste von allen ist. Ich selbst habe Ignazia kennengelernt, als ich nach der Geburt noch ein paar Tage im Krankenhaus lag. Unser Verhältnis war von Anfang an herzlich und locker. So richtig nahegekommen sind wir uns jedoch erst später, als Justus ein Jahr alt war. Seitdem kann ich Christophs Einschätzung noch mehr bestätigen!

Es begann alles mit einem Anruf. Schwester Ignazia sagte, die Verwaltung brauche dringend Christophs Steuerkarte und ob ich die nicht mal eben vorbeibringen könne. Heute weiß ich, daß schon das eine Finte war. Damals sagte ich nur: „Kein Problem!" Schließlich war nicht mal Justus im Haus. Ich hatte ihn probehalber für zwei Stunden zu meiner Nachbarin gebracht, damit er sich an ein anderes Gesicht gewöhnte - für den Fall, daß wir mal einen Babysitter benötigten.

Schwester Ignazia betrieb erst ein paar Minuten Small Talk mit mir, erkundigte sich nebenbei, ob ich mit dem Auto da sei, dann kam sie zur Sache: „Sie hätten jetzt nicht etwa Zeit?"

„Aber natürlich, Schwester Ignazia!" sagte ich in aller Höflichkeit.

„Wissen Sie, ich hätte da eine Kleinigkeit einzukaufen, und Sie ahnen ja nicht, wie mühsam das mit dem Fahrrad ist. Der Hausmeister hat heute so viel zu tun, und ich bin zeitlich etwas gebunden." Schwester Ignazia schob demonstrativ eine Schublade zu. „Am liebsten wäre es mir, wenn wir jetzt sofort losführen."

Ich schaute auf die Uhr. „Aber um halb elf muß ich unseren Kleinen wieder abholen."

„Wir sind schon viel eher wieder da!" versprach Schwester Ignazia, und eine Minute später saßen wir in meinem Auto.

Die Pfortenschwester dirigierte mich zur nächsten Ausfallstraße, dort sollte ich irgendwann links abbiegen. Der Verkehr staute sich plötzlich, an einem ganz normalen Mittwochmorgen. Ob ein Unfall passiert war? Ich wunderte mich noch, doch Schwester Ignazia fand alles ganz normal.

„Nur die Ruhe!" flüsterte sie konzentriert. „Wir haben erst drei Minuten vor neun und damit noch eine echte Chance."

Ich verstand kein Wort. Endlich konnte ich einscheren.

„Davorn ist ein Parkplatz!" Schwester Ignazia jubilierte. „Zwei vor neun. Und einen Parkplatz erwischt. Das glaubt mir kein Mensch."

Erst jetzt realisierte ich, wo wir gelandet waren. *ALDI* stand in großen, blauen Lettern vor meinen Augen.

Schwester Ignazia öffnete hektisch die Tür. „Aber flott jetzt! Am Mittwochmorgen gibt's hier die Sonderangebote! Das müßten Sie doch eigentlich wissen – Sie als Hausfrau und Mutter!"

Ich überhörte den Vorwurf und konzentrierte mich auf mein Umfeld. Irgendwie erschien mir alles so irreal. Es kam mir vor, als stürmten Hunderte von Menschen in den Aldi-Markt, jeder einen Einkaufswagen vor sich, mit dem er schonungslos die anderen plattgefahren hätte. Im Getümmel nun auch Schwester Ignazia, die sich im Sauseschritt ein Gefährt gesichert hatte und nun mit unzulässiger Höchstgeschwindigkeit auf die Eingangstür zuhielt.

Schwester Ignazia hatte keinen Führerschein.

Ich stürmte hinterher.

„Wir müssen uns beeilen!" hechelte Schwester Ignazia, als sie mich wahrgenommen hatte. „Größe XL ist immer als erstes weg!"

Ich konnte sie nur noch von hinten sehen, ihre wehende schwarze Nonnentracht verlieh ihr das Aussehen von Batman.

Um mich herum kurvten Unmengen von Einkaufswagen, die nun das Ladeninnere eroberten. Fast jeder von ihnen war bereits mit einer gelbfarbenen Topfblume beladen, als würde man dafür Reklame fahren.

Wo hatten die Leute schon die Topfblumen her?

Da!

Mein Blick fiel auf einen mehrstöckigen Rollwagen direkt neben der Eingangstür, darauf noch vier, fünf übriggebliebene Topfblumen.

„Bauernchrysanthemen- Beetpflanzen 3 Mark 95" stand daran.

Ich ging ein wenig näher heran. Eine Frau drängte sich an mir vorbei, schnappte zwei der Blumen und verschwand im Getümmel. *„Bauernchrysanthemen"* schienen ja hochbegehrt zu sein.

Eine alte Frau betrat den Laden, peste auf den Blumenständer zu und rettete ein Exemplar in ihren Wagen. Sie streifte mich nur leicht und stürmte auf ein Regal mit Mehrzweckhandschuhen zu.

Zwei Topfpflanzen waren jetzt noch da. *„Bauernchrysanthemen – Beetpflanzen 3 Mark 95."*

Gott, wir hatten gar kein richtiges Beet, sondern zu meiner Schande nur eine Ansammlung wilder Stauden rund um den Rasen, was sollten wir mit einer Bauernchrysantheme?

Eine junge Frau mit einem Kind vorn im Wagen schoß herein. Sie hatte schon auf lange Sicht den Blumenständer fixiert, konnte kaum rechtzeitig bremsen und schmiß sich quasi im Vorbeifliegen eine Bauernchrysantheme in den Wagen.

Ihre war die vorletzte gewesen.

Jetzt stand nur noch ein einziges Stück da. Etwas verhutzelt zwar, aber immerhin. *„Bauernchrysantheme – Beetpflanze 3 Mark 95".*

Mußte man denn unbedingt ein ordentliches Beet haben, um eine Bauernchrysantheme zu kaufen? Ohne Beet war man hier ja schlichtweg diskriminiert.

Was konnte ich dazu, daß wir kein Beet hatten? Sollte ich deshalb auf eine Bauernchrysantheme verzichten? Ich ging auf den Ständer zu.

„3 Mark 95" Da ging man schließlich kein Risiko ein.

Ich sah den Gegner schon aus der Distanz. Die Frau mit dem Kind im Wagen war erneut im Anmarsch, wohl um sich noch ein zweites Exemplar zu sichern.

Für mich war es nur noch ein guter Meter.

Die Frau beschleunigte.

„Bauernchrysanthemen – Beetpflanzen 3Mark 95".

Die Frau mit dem Kind gab ihr Letztes.

Bauernchrysanthemen.

Ich hechtete.

Ich griff zu.

Ich kämpfte.

Und ich gewann.

Mit zitterndem Körper umschloß ich meine Bauernchrysantheme. Die Frau funkelte mich an. Ihr Blick sagte alles*: Sie haben doch gar kein Beet. Wofür brauchen Sie eine Beetpflanze? Für 3 Mark 95?*

„Sie ist nicht für mich!" stotterte ich. „Sie ist für meine Mutter. Die hat ein Beet. Die braucht eine Beetpflanze. Eine Bauernchrysantheme für 3 Mark 95, unbedingt."

Die Frau würdigte mich keines Blickes mehr und drehte ab.

Einen Moment später wehte Schwester Ignazia heran. Sie sah irgendwie verändert aus.

„Und? Wie finden Sie sie?"

Ich stand noch unter dem Schock, gerade um eine Bauernchrysantheme gekämpft zu haben, und merkte nichts.

Schwester Ignazia drehte sich wie ein junges Mädchen, das sein frühlingshaft gepunktetes Kleid präsentieren wollte. Nur: Schwester Ignazia trug kein frühlingshaft gepunktetes Kleid. Schwester Ignazia trug ihre schwarze Tracht. Darüber allerdings eine Jacke, zu der mir direkt zwei Adjektive einfielen: formlos und farblos.

„Das ist die Multifunktionsjacke für 28,95", erklärte Schwester Ignazia wie selbstverständlich. „Ich habe sie Ihnen in derselben Größe mitgebracht. Allerdings in Dunkelblau, nicht in Dunkelbraun." Ich brauchte keine Multifunktionsjacke, weder in Dunkelblau noch in Dunkelbraun, obwohl: das war eigentlich egal, die Farben waren praktisch nicht zu unterscheiden.

„Neun Taschen!" erklärte Schwester Ignazia und zippte an verschiedenen Stellen ihres Körpers herum, wohl um zu zeigen, daß sie wirklich alle zu öffnen waren.

„Mit Kapuze!" Schwester Ignazia demonstrierte auch diese und sah im selben Moment aus wie der Schwarze Abt.

„Reißverschluß plus Knöpfe! Und das alles für 28,95 DM!"

28 Mark 95 für neun Taschen, eine Kapuze, einen Reißverschluß und mehrere Knöpfe in einer undefinierbaren Farbe erschienen mir tatsächlich wenig.

„Ist gekauft!" sagte ich matt. „Wenn wir nur bald hier herauskommen."

Schwester Ignazia lenkte souverän ihren Einkaufswagen Richtung Kasse, umschiffte gekonnt ein paar Frauen, die allesamt an einem Kinderschlafanzug zerrten und plazierte sich am Ende der Schlange, die, was ihre Länge betraf, mehr mit einer Python als mit einer Blindschleiche zu vergleichen war.

Ich blickte resigniert zur Uhr. Ich konnte mir nicht vorstellen, daß ich Justus noch pünktlich abholen konnte.

Schwester Ignazia grinste mich an.

„Ach, dahinten kommen ja die frischen Bauernchrysanthemen!" rief sie plötzlich erfreut.

Ich folgte ihrem Blick. Konnte ich mein Exemplar gegen ein gesünderes eintauschen? Die gesamte Schlange vor uns löste sich auf. Wie eine Kuhherde galoppierte eine Hundertschaft Einkaufswagen in Richtung Eingang. Schwester Ignazia peste nach vorn und war die Nummer Zwei an der Kasse.

„Hab mich wohl doch getäuscht!" prustete sie und lud ihre Multifunktionsjacke aufs Band.

Das war der Moment, wo es passierte. Das Zittern, das ich noch vom Chrysanthemenkampf zurückbehalten hatte, verschwand. Der Magenschmerz, der mit dem unfreiwilligen Kauf der Multifunktionsjacke einhergegangen war, verließ mich. Eine wohlige Gelassenheit überkam mich, die mich bis heute nicht verlassen hat.

Wenn sich dennoch unerwartete Streßsituationen und ein nervöser Rückfall ankündigen, denke ich einfach über meine Beerdigung nach. Ich möchte nämlich in meiner Multifunktionsjacke aufgebahrt werden. Und auf meinem Grab soll eine Bauernchrysantheme wachsen. *Beeptpfanze. 3 Mark 95.* Nein, im Ernst. Wenn mich Streß überkommt, rufe ich mir Schwester Ignazia ins Gedächtnis, wie sie ihre Jacke aufs Band legt und prustet: „Hab' mich wohl doch getäuscht." Dann muß ich grinsen und entspanne mich.

Der Schnäppchenkauf am Mittwochmorgen ist mittlerweile geradezu mein Hobby geworden. Ich bin eben seit meinem Ignazia-Erlebnis in Einkaufssituationen recht selbstbewußt. Mit Blick auf den Chrysanthemenwettlauf nennt Christoph das „die Gelassenheit des Siegers".

Durch mein Einkaufsverhalten sparen wir eine Menge, und das ist besonders für Großfamilien mit nur einem

Einkommen ungeheuer wichtig. Jetzt werden Sie sich vielleicht wundern, denn ich habe die weitere Entwicklung noch gar nicht erzählt: Christoph und ich sind nämlich noch zweimal Eltern geworden. Zwei Jahre nach Justus wurde unsere kleine Pauline geboren, das hübscheste Mädchen unter der Sonne. Und zwei weitere Jahre später kam Jakob, unser Jüngster, auf die Welt. Ich hätte es mir nie träumen lassen, aber wir sind jetzt wirklich eine Großfamilie. Jedenfalls für heutige Verhältnisse.

Die Kinder verstehen sich prächtig. Sie hängen aneinander wie Kletten. Und Christoph ist ein wunderbarer Vater. Immer noch ruft er ständig an, wenn eines der Kinder krank ist. Neulich hatte Justus einen kleinen Auftritt auf der Weihnachtsfeier seiner Grundschule. Er mußte nur zwei Sätze sagen, verhaspelte sich vollständig und sagte dann vorwurfsvoll in die Menge: „Dabei habe ich mit Papa so lange geübt."

Christoph strahlte. Seine Augen füllten sich mit Tränen. Tränen voller Glück und voller Stolz. Dann sagte er: „Verdammt warm hier, was?"

Als ich ihn von der Seite anschaute, sah er genauso aus wie Justus.

Tatsächlich - wir sind fünf – so schnell geht das: 1-2-3-im Sauseschritt.

Ach, eins noch. Als unser Jakob geboren wurde, hat uns Schwester Ignazia eine Kinder-CD geschenkt. Es gibt da ja in manchen Supermärkten so günstige Angebote.

Aber nur am Mittwochmorgen.

Besuchszeiten

Mann oh Mann. Mittlerweile führte ich ein Leben, wie ich es mir nie vorher hatte träumen lassen. Verheiratet, mit drei Kindern, in der eigenen Doppelhaushälfte.

Dabei war Christoph und mir von Anfang an eines sehr wichtig: Daß wir uns nicht zurückziehen in den engen familiären Kreis. Wir wollten offenbleiben! Unser Haus sollte ein Treffpunkt sein, ein Hort intellektuellen Austausches. Unser Haus sollte *das* Haus in der Nachbarschaft sein, in dem sich die Kinder der Umgebung zu fröhlichem Spiel treffen, ganz locker und ohne Verabredung. Ich sah uns da sitzen, mit Menschen unterschiedlichster Couleur, mit Freunden, mit der Verwandtschaft, mit Nachbarn und Kollegen, mit Singles und Großfamilien – mal mit einem selbstgebackenen Kuchen, bei anderen Gelegenheiten abends auf der Terrasse mit einem Glas Wein und frisch zubereitetem Salat. Wenn ich ganz ehrlich bin, hatte ich so eine Mischung aus den Werbespots von Rama, den Benetton-Kindern und Böklunder-Würstchen vor Augen. Bei uns sollte man sich wohlfühlen, zu uns sollte man kommen dürfen ohne langfristige Verabredung – einfach vorbeischauen – immer.

So dachten wir, und wir gaben uns große Mühe, diesen Zustand totaler Offenheit aufrechtzuerhalten. Wir backten Kuchen, hatten immer ein offenes Ohr, versuchten unsere Müdigkeit zu verbergen, wenn kinderlose Besucher auf unserer Couch gegen zwei Uhr nachts in die allerbeste Stimmung kamen –wir gaben unser Bestes. Das änderte sich am Samstag, dem 9. August des Jahres 2001, und das kam so:

Eigentlich waren wir prächtiger Stimmung. Es waren Sommerferien, Christoph hatte Urlaub, und wir waren ausnahmsweise nicht weggefahren. Es kann ja auch zu Hause so schön sein. Für Samstag, den 9. August 2001, hatte sich lediglich eine Verabredung ergeben: Eine ehemalige Freundin von Christoph wollte am Nachmittag zum Kaffee vorbeikommen – eine Frau, mit der ich mich blendend verstehe, eine interessante Person, deren Anwesenheit ich schätze. Ehrlich gesagt, kann ich gar nicht nachvollziehen, wenn Frauen ein Problem mit den Verflossenen ihres Ehegatten haben. Im Grunde ist es doch ein gutes Zeichen, wenn ein Mann eine aufregende Vergangenheit hat. Für mich bedeutet es, daß mein Mann nie ein unattraktiver Eigenbrötler war, jemand, der nie eine Partnerin gefunden hätte, wenn nicht zufällig **ich** ihm über den Weg gelaufen wäre und mich seiner erbarmt hätte. Nein, es bedeutet, Christoph war immer schon ein toller Hecht, zeit seines erwachsenen Lebens hatte er wechselnde Freundinnen, er war begehrt und beliebt überall, bis er zufällig auf mich traf und in mir die Frau fürs Leben fand. So sehe ich das. Warum sollte ich da ein Problem mit seinen Verflossenen haben? Kurz und gut, ich freute mich bereits auf den Nachmittag.

Aber ich freute mich auch auf die Zeit bis dahin, in der wir herumtrödeln und Kuchen backen konnten, in der ich noch putzen und aufräumen würde, in der die Kinder im Garten herumtollen konnten – ein ganz normaler Urlaubstag eben.

Das Desaster begann mit dem Anruf um acht, der mich

aus dem Halbschlaf schreckte.

„Hier ist Piet, stell dir vor, ich bin gerade in der Gegend, muß morgen aber wieder weg. Ich dachte, da komme ich mal eben vorbei. Wie wär's mit dem Frühstück? Ich bringe auch Brötchen mit."

Frühstück ist super, denn frühstücken muß man sowieso. Und ein Besuch von Piet ist eh immer toll. Denn Piet, mein alter Schulfreund, wohnt in Südfrankreich. Er ist selten im Lande, und wenn er kommt, hat er immer viel zu erzählen.

Als Piet kam, hatte er einen Strauß voller Sonnenblumen in der Hand.

„Aber Piet, das wäre doch nicht nötig gewesen." Ich ging mir mit der Hand durchs Haar. Ich hatte es nicht mehr geschafft, es zu fönen. In einer halben Stunde würde mein Kopf so attraktiv aussehen, wie der eines Windhundes. Zur Zeit sah er wohl aus wie der eines nassen Windhundes. Ich suchte zunächst eine Vase und deckte dann mit Piet zusammen den Frühstückstisch weiter. Ich finde es toll, daß unsere Gäste so locker in den Tagesablauf einbezogen werden. Daß sie sich in unseren Schränken auskennen und mit Hand anlegen. Das schafft eine wahnsinnig lockere Atmosphäre. Da ist der Besuch kein Streß, sondern lediglich Gemeinsamkeit. Inzwischen hatte sich auch Christoph angezogen, nur die Kinder rannten noch in Schlafanzügen herum. Das Telefon schellte, als wir gerade in unser erstes Brötchen beißen wollten. Es war Uschi, ein Mitglied aus meiner Meditationsgruppe. Sie ließ mich gar nicht zu Wort kommen, sondern beklagte sich ausschweifend über ihren Mann. Sie müsse unbedingt mir mir reden, sagte sie andauernd. Ich dachte an mein Brötchen und daran, *daß* sie doch schon die ganze Zeit mit mir redete.

„Weißt du, ich habe noch gar nicht gefrühstückt", schob

ich in einem günstigen Moment ein.

„Ich seh' schon, du hast im Moment nicht die Ruhe",
stimmte Uschi einfühlend zu. „Da komme ich doch lieber
bald mal vorbei."

„Ja, super!" sagte ich noch. Doch meine Meditations-
schwester hatte schon aufgelegt.

Als ich an den Frühstückstisch zurückkehrte, hatte unser Jüngster bereits Tischdecke und Schlafanzug unter
Kakao gesetzt. Christoph rettete, was noch zu retten war.
Ich wollte mich gerade hinsetzen, als es an der Tür klingelte. Es war Kevin.

Ich finde es großartig, wenn die Freunde meiner Kinder am Samstagmorgen ganz spontan vor der Tür stehen, speziell wenn ich es noch nicht geschafft habe, auch
nur ein einziges Mal in mein Brötchen zu beißen.

„Ist Justus da?" fragte Kevin, und es hörte sich ein
bißchen an, als wollte er sich beschweren, daß ich statt
Justus die Tür geöffnet hatte.

Kevin war der Chaot in Justus' Klasse. Kevin war unter
den Chaoten der Klasse bei weitem der schlimmste. Diesen Fall hatte ich in meinen Benettonvorstellungen nicht
so ganz einkalkuliert. Noch weniger hatte ich berück-
sichtigt, daß der allergrößte Chaot der Klasse nur vier
Straßen von uns entfernt wohnen würde.

„Ich glaube nicht", log ich. Ich kann gut lügen. Das
habe ich von meiner Mutter geerbt. Wenn meine Mutter
sagt, ich hätte aber eine tolle Frisur, weiß ich, daß es
allerhöchste Zeit ist, zum Friseur zu gehen.

„Hi Kevin!" sagte Justus. Mein Sohn stand hinter mir,
und ich konnte seine Anwesenheit keinen Augenblick länger verleugnen.

„Weißt du, Kevin, es ist schön, daß du kommst", log
ich weiter, „aber um ehrlich zu sein, haben wir noch gar
nicht gefrühstückt. Vielleicht kommst du-"

„Ich bin schon fertig", sagte Justus und steckte sein Restbrötchen mit einem Bissen in den Mund.

Kevin wartete nicht länger, sondern schob sich an mir vorbei ins Haus. In diesem Augenblick machte ich mir zum ersten Mal ernsthaft Sorgen über diesen Tag. Wenn Kevin da war, war es praktisch unmöglich, das Haus aufzuräumen oder zu putzen. Im Gegenteil. Wenn Kevin da war, würde sich das Haus innerhalb kürzester Zeit in eine Müllhalde verwandeln, wahrscheinlich sogar in eine überschwemmte Müllhalde, denn Kevin experimentierte gerne in unserem Badezimmer.

„Aber keinen Quatsch machen!" brüllte ich noch, doch Kevin war schon auf der Treppe nach oben verschwunden.

Inzwischen hatten Christoph und Piet sich über die Brötchen hergemacht. Es gab nur noch Körnerecken. Alles Ungesunde hatten sie vertilgt. In diesem Augenblick dachte ich zum zweiten Mal, daß dies kein guter Tag werden würde. Als ich mich gerade setzen wollte, klingelte das Telefon. Es war Robert, unser alter Freund, der inzwischen in München wohnte.

„Du wirst es nicht glauben", sagte er, „aber ich war gestern auf einer Hochzeit ganz in eurer Nähe. Ich könnte in einer halben Stunde bei euch sein."

„Könnte", sagte ich leise. Robert hatte es Gott sei Dank nicht gehört.

„Na, das wär' ja was", sagte ich statt dessen laut und mit wenig Überzeugung.

„Ich bin gleich bei euch."

Heute weiß ich, daß die Worte eine Drohung waren.

Robert kam gleichzeitig mit Uschi aus meiner Meditationsgruppe. Letztere hatte ein Bündel Sonnenblumen in der Hand. Ich sagte „Das wäre doch nicht nötig gewesen", und ich meinte es ernst.

Dann rutschte mir ein „Oh!" heraus, weil ich sah, daß Uschi ihre drei Kinder mitgebracht hatte.

„Ich muß unbedingt mit dir reden", sagte Uschi, nachdem Robert Richtung Küche abgedampft war.

„Aha!" sagte ich. „Ich weiß nur nicht, ob wir jetzt dazu kommen."

Noch während ich sprach, erbrach Uschis jüngste Tochter einen Schokoriegel auf dem Wohnzimmerteppich. „Du solltest doch nicht alles auf einmal in den Mund stecken", schimpfte Uschi. Christoph zog den Putzeimer heran, der noch vom Kakao da stand. Mittlerweile hatte sich eine ordentliche Runde um den Frühstückstisch versammelt.

„Brötchen sind wohl nicht mehr da", sagte Robert. „Aber ehrlich gesagt, würde ich auch lieber was Warmes essen." Er lächelte freundlich. Dann warf er einen Blick zur Uhr. „Es ist auch schon zwölf vorbei. Da werden eure Kinder sicher Hunger haben."

„Sicher", sagte ich und erinnerte mich an die Böklunder-Reklame. „Vielleicht machen wir uns einfach ein paar Würstchen warm." Leider waren keine Würstchen im Haus. Statt dessen lag noch ein Riesenkäsestück im Kühlschrank. „Wie wäre es dann mit einer Pizza?" fragte ich. Christoph begab sich daran, einen Obstsalat zu schnippeln.

Von oben waren bekannte Geräusche zu hören. Die Kinder spielten im Flur Fangen, und jedesmal wenn sie in unserem Schlafzimmer angekommen waren, ließen sie sich laut johlend in unser Wasserbett fallen. Unser Wasserbett ist eine Wucht, vor allem weil die Kinder so gerne darauf herumtoben. Das Tollste an einem Wasserbett ist, daß man fünf Jahre Garantie darauf hat. In unserem Falle ist die Wassermatratze in zwei Jahren bereits siebenmal ausgetauscht worden.

Das ist allerdings nicht immer angenehm.

Bei den ersten Malen haben wir es noch erzählt, ganz unbedarft, doch mittlerweile wissen wir, daß solche Eingeständnisse unweigerlich einen Haufen zotiger Bemerkungen mit sich bringen. Offenbar denkt jeder, man kaufe sich ein Wasserbett, um sich täglich mehrmals darin zu vergnügen. Je öfter die Matratze repariert werden muß, um so abenteuerlicher das Liebesleben. Das ist natürlich völliger Quatsch. In Anbetracht unserer Besucherscharen frage ich mich manchmal eher, wie es uns gelingen konnte, drei Zeugungstermine zu finden.

Jedenfalls haben wir uns das Wasserbett aus rein orthopädischen Gründen gekauft. Es hat Leute gegeben, die uns schworen, jegliche Rückenschmerzen und Nackenverspannungen hätten ein Ende, wenn man erstmal aufs Wasserbett gekommen sei.

Nun, Christoph hat ein halbes Jahr nach dem Kauf einen Bandscheibenvorfall bekommen. Wer weiß, wie viele er ohne Wasserbett bekommen hätte?

Wie auch immer – wenn ich jetzt nicht nach dem rechten sah, würde unser Wasserbett gleich wieder leck schlagen.

Als ich mich wieder zu den anderen gesellte, saß eine Kollegin meines Mannes am Tisch. Sie mußte sich von hinten an die Küche herangepirscht haben, denn ich hatte kein Schellen gehört. Ich sah mich nach neuen Sonnenblumen um, konnte aber keine entdecken. Christoph hatte den Obstsalat fertig und kämpfte mit der Pizza. Als wir endlich aßen, waren unsere Kinder immer noch im Schlafanzug. Immerhin ließen sie sich dadurch besser von den zahlreichen Besuchskindern unterscheiden.

„Die Pizza ist großartig", sagte Robert. „Nun, ein Salat dazu wäre schön gewesen, aber man kann nicht alles haben." In diesem Moment dachte ich nicht mehr, daß dieser Tag problematisch werden würde. Nein, in diesem Moment war bereits klar, daß er eine einzige Katastrophe war.

Als es erneut klingelte, war es bereits früher Nachmittag. Ich wartete eigentlich darauf, daß Robert nach Torte fragte. Den angekündigten Besuch hatte ich längst vergessen. Erst als es klingelte, erinnerte ich mich wieder. Auf dem Weg zur Haustür kam ich am Garderobenspiegel vorbei. Mit dem Windhund hatte ich falsch gelegen. Eigentlich sah ich mehr aus wie ein zotteliger Hirtenhund.

Bei der Gelegenheit muß ich übrigens etwas gestehen: Ich habe gelogen, als ich eben sagte, ich hätte kein Problem mit Christophs Ex-Freundinnen. Es war falsch zu behaupten, speziell diese nun anrückende Person sei nett, sympathisch und ich freute mich auf eine Begegnung mit ihr. In Wirklichkeit finde ich sie unausstehlich. Sie *ist* auch unausstehlich. Während sie *mir* jedesmal völlig unterkühlt die Hand gibt, fällt sie Christoph ungeniert um den Hals. Danach beginnt sie, Andeutungen über die gemeinsame Vergangenheit zu machen, so in dem Stil: „Weißt du noch, Harry, als wir diese Fete hatten, bei Olli im Keller, als Doris Geburtstag hatte und wir gerade erst von den Philippinen zurückgekehrt waren?"

An diesen Erzählungen ist alles fürchterlich. Allein schon, daß diese Person meinen Christoph Harry nennt. Kein Mensch nennt ihn so, nur diese dämliche Ex-Freundin, was auf einem gemeinsamen spaßigen Erlebnis basiert, dessen Inhalt ich natürlich nicht kenne.

Weil er mich nicht interessiert!

Auch alle anderen Namen kenne ich nicht. Wie auch? Ich habe Christoph erst Jahre später kennengelernt. Von diesen Namen ist kein einziger in seinem Leben übriggeblieben.

Und dann immer diese Anspielungen auf gemeinsame exotische Urlaube. Machte es ihr Spaß, daß ich mir dann vorstellte, wie die beiden im Baströckchen unter einer Palme saßen und aus einer Kokosnuß schlürften? Ich wußte selbst gut genug, daß Christoph mit *mir* immer nur nach Holland gefahren war.

Oh, wie ich diese Person haßte. Zum Beispiel genau in diesem Augenblick, als sie meinem Mann hysterisch in die Arme fiel und mit ihrer Quakstimme sagte: „Harry, du hast dich aber gar nicht verändert. Hier sieht es ja genauso chaotisch aus wie damals in deiner Studentenbude."

Ich wußte, ich würde sie eines Tages umbringen.

Vorerst war aber keine Zeit dazu. Schließlich mußte ich die Sonnenblumen irgendwo unterbringen, die Harrys Ex-Tussi originellerweise mitgebracht hatte. Ich hatte mich gerade für einen Ehrenplatz auf dem Kompost entschieden, als unsere Tochter etwas von oben brüllte.

„Der Kevin glaubt nicht, daß in eurem Bett wirklich Wasser drin ist", rief sie.

Der Satz hätte mir zu denken geben sollen. Leider tat er das nicht, denn mir fiel plötzlich ein, daß ich überhaupt keine Ahnung hatte, wie unsere Gästetoilette aussah. Unser Jüngster war erst seit wenigen Wochen trocken, was man seitdem von unseren Toiletten nicht unbedingt behaupten konnte. Christoph hatte wohl den gleichen Gedanken. Jedenfalls trafen wir uns in der Gästetoilette wieder, beide mit einem Putzlappen in der Hand.

„Hallo, liebster Harry!" fauchte ich ihn an.

„Was kann ich denn dafür?" verteidigte sich mein Liebster. Ich nahm seine Antwort gar nicht zur Kenntnis.

„60 % der Besucher sind dir zuzuschreiben", schimpfte ich weiter in halblautem Tonfall, während ich vor der Toilette niederkniete. Christoph rechnete sofort nach.

„Du hast Uschis Kinder nicht mitgerechnet", erwiderte er schließlich siegessicher, während er im Waschbekken herumrieb, um die Reste von Wasserfarbe zu entfernen.

Wir konnten das nicht länger ausdiskutieren, denn plötzlich stand Uschi in der Tür.

„Ich muß unbedingt mir dir sprechen!" sagte sie. Ungläubig schrubbte ich weiter das Klo.

„Ich möchte diese tolle Gesprächsatmosphäre nicht länger stören", feixte Christoph grinsend und verließ die Gästetoilette.

„Du glaubst doch wohl nicht im Ernst, daß wir uns in diesem Chaos vernünftig unterhalten können", versuchte ich es eindringlich.

„Ja, aber Wilfried hat überhaupt kein Verständnis für mich", begann Uschi.

„Ich auch nicht!" sagte ich und war weg.

Im Flur sah ich, daß unsere Tochter wieder durch die Streben des Treppengeländers linste.

„Kevin glaubt jetzt, daß euer Bett ein Wasserbett ist."

Es dauerte drei Sekunden, dann erstarrte ich.

Nein, das durfte nicht wahr sein.

Pauline war bereits aus meinem Blickfeld verschwunden. Aus dem Wohnzimmer hörte ich, daß die Unterhaltung unserer Gäste in vollem Gange war.

Dann klingelte es.

Ich weiß heute gar nicht, warum ich die Tür öffnete. Vielleicht hoffte ich in meinem Unterbewußtsein, daß es Kevins Mutter sein könnte, die ihren Sohn endlich abholen wollte.

Natürlich war es nicht Kevins Mutter. Es war Frau Ransmeier, die ältere Dame aus der Nachbarschaft, die immer das Geld für die Caritas einsammelt. Im nachhinein hätte ich es mir denken können. Denn Frau Ransmeier erscheint immer genau dann, wenn das Chaos bei uns seinen Höhepunkt erreicht hat. Ich habe mir schon häufig Gedanken darüber gemacht, nach welchen Kriterien Frau Ransmeier den Zeitpunkt ihres Besuchs wählt.

Ob sie auf die Anzahl der vorgefahrenen Autos achtet? Ob sie von draußen die Lautstärke des drinnen stattfindenden Stimmengewirrs feststellen kann? Ob die Frau über eine gottgegebene Intuition verfügt? Als Frau Ransmeier das letzte Mal kam, war gerade der Kindergeburtstag in vollem Gange, eine johlende Schar war dabei, unseren Haushalt in seine Einzelteile zu zerlegen, gleichzeitig war unangekündigt meine Schwiegermutter zu Besuch gekommen und unser Jüngster, der beim Kindergeburtstag gerade einen Tigerentenstempel gewonnen hatte, verschönerte damit unser Treppenhaus.

Frau Ransmeier, eine gepflegte, ältere Dame, bei der ich mir sicher war, daß bei ihr Messer und Dessertlöffel einen exakten 90°-Winkel beschrieben, wenn sie den Tisch gedeckt hatte, sah sich dann ungläubig um, versäumte beinah, ihr Anliegen vorzubringen, und sagte jedesmal: „Bei Ihnen ist aber ganz schön was los, gell?"

Inzwischen hatten wir eine stillschweigende Einigung getroffen. *Ich* spendete jedesmal eine größere Summe für die Caritas, *sie* betrachtete den Betrag augenscheinlich als Schweigegeld. An diesem Tag allerdings war das Chaos so groß, daß ich nicht wußte, ob ich genügend Bargeld im Haus hatte.

„Frau Ransmeier", sagte ich zögernd, als sie noch vor der Haustür stand. „Ich will nicht behaupten, daß Sie ungelegen kommen, aber wenn ich ehrlich bin-"

„Ich habe Sie doch nicht etwa beim Mittagsschlaf geweckt?"

Eins mußte man ihr lassen. Sie konnte höchst professionell die Ahnungslose spielen.

„Um Gottes Willen – wir und Mittagsschlaf."

So war das immer. Ich war bei Frau Ransmeier in ständigem Rechtfertigungsdrang. Als wäre es schlimm, wenn man einen Mittagsschlaf abhielt. Wenn ich die Gelegenheit hätte, würde ich das jeden Tag drei Stunden lang praktizieren. Doch bei Frau Ransmeier werde ich zum Charakterschwein. Ich signalisierte, daß so etwas überhaupt nicht in Frage käme. Mittagsschlaf - igitt.

Viel lieber nutzte ich die Gelegenheit, um Staub zu wischen, mit den Kindern ein Diktat zu üben oder die Küchenschränke auszuwischen. Als hätte ich damit auch nur eine geringe Chance, Frau Ransmeier für mich einzunehmen. Ich, die ich den ganzen Samstag über das Haus voller Besuch hatte, ohne einen runden Geburtstag vorweisen zu können, ich, deren Kinder regelmäßig am Sonntagmorgen im Schlafanzug mit dem Bobbycar über die Einfahrt heizten, ich, ich die zum Pfarrgemeindefest nicht mal einen ordentlichen Kuchen aufs Tablett bekam.

„Ist das nicht Ihr Kleinster?" Frau Ransmeier drängte sich an mir vorbei und stand bereits im Flur, der mittlerweile mit Kinderjacken übersät war und außerdem Spuren von Schokostreuseln aufwies, die besagter Kleinster offensichtlich unrechtmäßig an sich genommen hatte. Weitere Schokoladenspuren überzogen sein Gesicht, was farblich gut zu dem bereits getrockneten Kakao auf dem Schlafanzug paßte.

„Ist er krank?" fragte Frau Ransmeier und es dauerte einen Augenblick, bis ich verstand, wie sie darauf kam. Natürlich, der durchschnittliche Zweijährige läuft am Samstagnachmittag nicht mehr im Pyjama herum. Aber die Durchschnittsmutter wurde ja auch nicht am Samstag von früh bis spät von Besuch heimgesucht.

„Allerdings", log ich, wieder einmal, ohne rot zu werden. „Magen-Darm-Grippe."

Ich hatte wohl einen Moment lang gehofft, ich würde sie damit aus dem Haus treiben.

„Na, ob da Schokolade das Richtige ist." Oh, wie recht Frau Ransmeier hatte.

„Sie sammeln sicher das Geld für die Caritas ein?" versuchte ich die Sache nun kurz und bündig hinter mich zu bringen.

In diesem Moment meldete sich unsere Tochter wieder. „Willst du wissen, warum Kevin jetzt glaubt, daß euer Bett ein Wasserbett ist?"

„Nein!" brüllte ich. Frau Ransmeier mußte mich für eine Rabenmutter halten. Ich suchte schweißgebadet in meinem Portemonnaie nach einem Geldschein.

„Er hat nachgebohrt!" Ich versuchte mich taub zu stellen. „Mit der Schraube aus dem Kinderwagen. Jetzt kann er das Wasser sehen."

Ich wußte nicht, worüber Frau Ransmeier entsetzter war. Darüber, daß unsere Kinder unsere Möbel zerstörten, oder darüber, daß wir überhaupt ein Wasserbett besaßen und damit in Frau Ransmeiers Augen eindeutig dem Rotlichtmilieu zuzurechnen waren.

Ich drückte Frau Ransmeier einen Fünfzigmarkschein in die Hand und schob sie sanft Richtung Haustür.

„Es ist etwas turbulent heute", brabbelte ich.

Wieder die Stimme von oben: „Kevin sagt, ein Wasserbett, wo man das Wasser nicht sieht, ist ja auch doof."

Ich schob Frau Ransmeier aus der Tür.

„Möchten Sie keine Spendenquittung?"

„Machen Sie sich nicht die Mühe!"

„Aber für die Steuererklärung!" Frau Ransmeier war rührend bemüht.

„Wir machen keine Steuererklärung!"

Es war mir egal, daß Frau Ransmeier mich jetzt für vollkommen übergeschnappt hielt.

„Meinen Sie wirklich?"

„Ja!" Ich war kurz davor, Frau Ransmeier die Tür vor der Nase zuzuknallen

„Vielleicht sollten Sie mal oben nach dem Rechten sehen", sagte sie noch.

„Eine phantastische Idee!"

Endlich, Frau Ransmeier winkte noch mit leicht schockiertem Gesichtsausdruck. Dann war sie weg.

Ich ging ins Wohnzimmer, wo nach wie vor die Unterhaltung in vollem Gange war. Uschi erzählte Christophs Kollegin ihr Problem, Christoph selbst öffnete gerade die dritte Flasche Wein.

„Oben gibt es ein kleines technisches Problem", sagte ich zu meinem Angetrauten. „Wenn du mal schauen würdest."

„Tolle Idee", sagte die dämliche Ex-Freundin. „Ich kenne ja euer Haus noch gar nicht."

Damit war Christoph plus Gefolge abkommandiert, und die Wasserkatastrophe blieb mir erspart, zumindest solange sie nicht nach unten suppte.

„Ein Stück Kuchen wäre jetzt nicht schlecht", sagte Robert und streckte sich genüßlich. Zum Glück klingelte da gerade das Telefon. Am Apparat war Christophs Chef.

„Schön, daß ich Sie in der Leitung habe", flötete er. „Stellen Sie sich vor, ich habe so reizende Fotos vom Betriebsausflug. Da dachte ich, ich komme mal eben vorbei, um Sie Ihnen zu zeigen."

„Unterstehen Sie sich", kreischte ich in den Hörer. „Und bleiben Sie, wo Sie sind!" Als ich auflegte, fiel mir ein, daß in Christophs Abteilung gerade eine Oberarztstelle ausgeschrieben worden war.

Just in dem Moment kam mein Göttergatte völlig entnervt ins Wohnzimmer zurück.

„Die Wassermatratze ist schon wieder im Eimer", fluchte er. „Wie konnte das nur passieren?" Dann sah er, daß ich leicht paralysiert vor unserem Telefon stand. „Wer war denn dran?"

„Ribulski", brummte ich. „Er wollte nur sagen, daß die Oberarztstelle bereits vergeben ist."

Irgendwie haben wir den Tag dann doch noch herumgekriegt und am selben Abend einen wichtigen Entschluß gefaßt. Wir bleiben jetzt nicht mehr zu Hause, wenn wir Ferien haben. Oh nein, wir verbringen unsere sämtlichen Urlaubstage außerhalb, auch wenn es in Holland noch so sehr regnet und Christoph sehnsuchtsvoll an vergangene exotische Urlaube denkt. Wenn wir im Urlaub sind, brauchen wir den ganzen Tag unseren Schlafanzug nicht auszuziehen. Wir dürfen mit dem Kakao kleckern, soviel wir wollen, und mit einem Wasserbett haben wir auch keine Probleme.

Ach ja, natürlich schicken wir Christophs Chef einmal pro Woche eine Postkarte – nur für den Fall, daß doch noch einmal eine Oberarztstelle frei wird!

Kinder-krank

Als ich neulich mit Pauline beim Kinderarzt saß, habe ich die einzig sinnvolle Beschäftigung entdeckt, mit der man sich im Wartezimmer eines Kinderarztes die Zeit vertreiben kann. Ich habe ausgerechnet, wie viele Stunden meines Lebens ich im Wartezimmer eines Zahn- oder Kinderarztes, Ohren- oder Augenarztes verbringe. Dabei bin ich bei drei Kindern von wöchentlich zwei Besuchen ausgegangen, die zwischen zwei und vier Stunden andauern. Das macht im Schnitt sechs Stunden pro Woche, macht vierundzwanzig Stunden im Monat (günstig gerechnet, denn die meisten Monate haben ja mehr als 28 Tage), macht 288 Stunden im Jahr. Netto. Das muß man sich mal vorstellen. In der Zeit könnte man vielleicht selbst Medizin studieren. Auf jeden Fall aber könnte man tausend andere Dinge tun. Lesen, faulenzen, was weiß ich.

Ich wollte gerade anfangen, eine Aufsplittung nach unterschiedlichen Fachrichtungen anzufertigen, da wurde ich von der Sprechstundenhilfe aufgerufen.

Kinder sind eigentlich fast immer krank. Oder sagen wir besser: Bei drei Kindern ist eigentlich immer eins krank. In der Regel wechseln sie sich ab. Hat Jakob gerade seine Mittelohrentzündung überstanden, fängt Justus mit einer Bronchitis an. Hat er die hinter sich gebracht, klagt Pauline über Bauchschmerzen. Wenn man mal eine Woche krankheitsfrei hat, steht in der Regel eine Vorsorgeuntersuchung an. Zwei Tage später muß Jakob sich dann übergeben.

Ich bin der Meinung, man sollte da ein Bonussystem einführen. Ein Punktekonto, das direkt ans Kindergeld gekoppelt ist. Mit mehr als 15 Magen-Darm-Grippen im Jahr zum Beispiel sollte man einen Zuschuß zum Kindergeld bekommen. Neulich beim Augenarzt habe ich mir darüber detailliert Gedanken gemacht. 10 Punkte für eine Magen-Darm-Grippe, 8 Punkte für eine fiebrige Erkältung, 6 Punkte für eine Mittelohrentzündung, 12 Punkte für Scharlach und 30 Punkte für ein gebrochenes Bein bei einem Kind unter sechs, das noch nicht mit Krücken zurechtkommt. Bei 300 Punkten ist dann der Zuschuß zum Kindergeld fällig.

Natürlich spielen da auch die Behandlungsmethoden eine Rolle. Bei jeder kleinen Hals- oder Mittelohrentzündung ein Antibiotikum einzusetzen, ist ja billig. Unser Kinderarzt ist gleichzeitig Homöopath. Der vollbringt Wunder mit seinen homöopathischen Substanzen. Dafür muß man sich allerdings etwas mehr Zeit für die Krankheiten nehmen. Das tue ich auch, jedenfalls was die Kinder angeht. Wenn es mich selbst mal erwischt hat, muß natürlich Penicillin her, damit ich am nächsten Tag wieder fit bin.

Das ist vielleicht der krasseste Widerspruch bei familiären Krankheitsgeschichten. Ich, die ich Mann und Kinder bis zum Umfallen pflege, die ich Tee koche, Geschichten vorlese, Bettwäsche abziehe, ich *darf* einfach nicht krank werden.

Sonst bricht alles zusammen.

Ich *muß* gesund sein, jedenfalls nach außen hin.

Gleichzeitig vollzieht sich bei mir ein schleichender Verfallsprozeß.

Unwiderruflich. Grausam. Erschütternd.

Vor wenigen Jahren noch war ich jung und fit.

Natürlich – wir werden alle nicht jünger. Mir ist auch klar, daß im Alter zwischen dreißig und vierzig Prozesse in Gang kommen, die man lieber nicht erleben möchte: die ersten grauen Haare, Fältchen am Hals und in den Augenwinkeln, Figurprobleme.

Was mich jedoch tatsächlich um Jahrzehnte hat altern lassen, ist mein Mutterdasein. Seitdem ich meine Kinder geboren habe, komme ich mir vor, als arbeitete ich täglich sechzehn Stunden auf dem Bau und während der Urlaubszeit in der Spargelernte.

Daß die Schwangerschaft als solche meinen Bauch in die Parodie einer Hühnerbrust verwandelt hat, steht hier gar nicht zur Debatte. Schwangerschaftsstreifen lassen sich wunderbar unter Badeanzügen verbergen. Nein, es sind die richtigen Gesundheitsbeschwerden, die mir zu schaffen machen, z.B. mein Rücken. Ich, die nie Probleme damit hatte, fühle mich inzwischen wie eine Greisin.

Natürlich habe ich mir auch schon ein Buch über Rückenschulung gekauft. Wenn es mir besonders schlecht geht, finde ich mich selbst darin wieder, und zwar in der Rubrik:

„So ist es falsch":

Abbildung 1: Frau Nelly W., die gerade ihr Kind ins Auto hebt

Abbildung 2: Frau Nelly W., die versucht, ihr Kind im Auto anzuschnallen und dabei ihre Wirbelsäule um 140° verdreht

Abbildung 3: Frau Nelly W., die einen Schnuller auf dem undurchdringlichen Boden des Autos sucht
Abbildung 4: Frau Nelly W., die ihr Kind aus dem Kinderbettchen hievt
Abbildung 5: Frau Nelly W., die versucht, ihrem Kind das Fahrradfahren beizubringen
Abbildung 6: Frau Nelly W. nach ihrem dritten Bandscheibenvorfall

Natürlich sind diese schmerzhaften Kinderfolgen sehr bedauerlich, jedoch noch viel bedenklicher für das eigene Selbstwertgefühl sind die mentalen Ausfälle, die mit dem Großziehen von Kindern einhergehen. Manchmal überkommt mich ein totaler Gedächtnisausfall, den ich bislang allein Alzheimer-Patienten zugeschrieben hatte.

Ich stehe im Keller und weiß nicht, warum.

Wollte ich etwas holen? Ist das überhaupt mein Keller? Wer bin ich?

Ganz zu schweigen von den Wortfindungsstörungen, die mich regelmäßig überkommen.

Ich wollte noch das Dings holen. Das große. Sag schon. Das Dings halt. Was war es denn noch?

Mit der Entscheidung, Mutter zu werden, balanciert man auf der Schwelle zum Schwachsinn. Man sollte sich das vorher genau klarmachen. Ständige Übermüdung und vor allem die Notwendigkeit, immer an vier Sachen gleichzeitig zu denken - *Wok aus dem Keller holen, beim Kinderarzt anrufen, Geschenk für den Kindergeburtstag besorgen, was koche ich heute Mittag?* – das macht einen krank, rein mental, meine ich jetzt. Das macht einen irre, verrückt, unzurechnungsfähig.

Neulich war ich mal ohne Kinder im Supermarkt. Im Gespräch mit einer Bekannten ertappte ich mich, wie ich unterbewußt den Einkaufswagen hin- und herschuckelte.

Jahrelanges Kinderwagenschieben hat mich krank gemacht. Ich glaube, das ist irreversibel, dieses Phänomen. Das wird so bleiben, auch wenn sie längst aus dem Haus sind, die Dingens, wie heißen sie noch gleich, na, Sie wissen schon...

Mahlzeit

Ich will nicht zuviel jammern, aber manchmal träume ich beim Kochen, ich säße mit Christoph in einem Restaurant. Bei Kerzenschein natürlich. Der aufmerksame Kellner, so phantasiere ich dann, würde uns diskret, aber liebenswürdig bedienen, und wir würden köstliche Speisen zu uns nehmen. Kräuter, die auf dem Gaumen kitzeln, raffiniert zubereitete Aufläufe, ein Parfait, das jede Sünde wert ist...

Immer genau dann, wenn meine Tagträumerei ihren Höhepunkt erreicht, kommen die Kinder nach Hause. Pauline schreit meistens schon an der Haustür los.

„Iih, hier stinkt's nach Rosenkohl."

Wahlweise schreit sie auch: „Iih, hier stinkt's nach Fisch!" oder „Iih, hier stinkt's nach Bohnen."

Jakob reagiert in der Regel sofort. Breitbeinig baut sich der Zwerg vor mir auf und verkündet ausnahmsweise halbwegs verständlich: „Ess' ich nich'!"

Justus ist geschickter. „Einer in der Klasse hatte Geburtstag", berichtet er. „Es gab Kuchen. Ich hab gar keinen Hunger."

Es ist zum Heulen. Egal, was ich koche, meine Kinder

lehnen es ab. Es sei denn, es handelt sich um Spaghetti mit roter Sauce, Fischstäbchen mit Bratkartoffeln oder Hähnchen mit Pommes. Ich habe schon alles versucht, um den Kindern Gemüse in schmackhafter Weise zu servieren.

Gemüse pur.

Gemüse in Aufläufen.

Gemüse in nicht erkennbarer, weil klein geratzelter Form.

Gemüse unter Androhung von Fernsehverbot.

Als ich es mit Spaghetti in Gemüsebolognaise versuchte, sagte Pauline: „Achtung aufgepaßt! Mama hat in den Nudeln 'was Gesundes versteckt!"

Essen mit Kindern ist eine Tortur. Unsere Mahlzeiten sehen für mich ungefähr so aus:

Nimm die Gabel, Jakob, die Gabel, genau, das ist die Gabel. - Wo willst du denn jetzt schon wieder hin, Pauline? Du bleibst sitzen beim Essen, hast du gehört? Wie, du mußt aufs Klo? Du warst doch eben noch. - Matsch nicht so mit den Kartoffeln rum, Justus! Das tut man nicht. Warum? Weil das unhöflich ist. Rummatschen ist für andere Leute unappetitlich. Ich weiß, es sind keine anderen Leute da, aber für mich ist das auch unappetitlich. - Jakob, laß die Erbsen auf dem Teller. Sie sind nicht zum Schießen da. Erbsen sind nicht eklig. Du läßt jetzt die Erbsen auf dem Teller. - Pauline, hast du dir die Hände gewaschen? Dann geh noch mal! Das ist nicht ungerecht. - Justus, dir ist gerade etwas runtergefallen. Nein, du sollst nicht nachher alles zusammen aufheben. Heb die Kartoffel jetzt auf, hast du gehört? - Nein, du kriegt nicht noch mehr Sauce, Jakob, nicht bevor du nicht ein paar Erbsen gegessen hast. Wie, ich habe meine Erbsen auch noch nicht aufgeges-

sen. Ja, wie denn auch? **Wie? Wie? Wie? Wenn ich überhaupt nicht zum Essen komme?**

Wenn ich nach dem Essen mit dem Spülen beginne, fange ich dann wieder an zu träumen. Irgendwann wird alles anders sein. Dann werden Christoph und ich zusammen kochen. Und zusammen essen. Wir werden uns Delikatessen zubereiten. Wir werden beisammensitzen. Doch vermutlich werden wir uns anschweigen. Wir sind es nicht mehr gewohnt, beim Essen eine vernünftige Unterhaltung zu führen. Und überhaupt. Die kulinarischen Köstlichkeiten werden uns schon nach kurzer Zeit zum Halse raushängen. Christoph wird nach Hause kommen und sagen: „Iih, hier riecht's nach gebackenem Heilbutt provençalische Art. Tut mir leid. Ich hab schon in der Klinik gegessen."

Vermutlich werde ich mich dann auf Fischstäbchen spezialisieren. Fischstäbchen mit Spaghetti und roter Sauce. Ab und zu wird uns ein Teilchen runterfallen.

Aber das macht nichts.

Wir werden es am Ende aufheben.

Alles zusammen.

Wir kennen das nicht anders.

Mahlzeit!

Geschenkt

Es muß gegen halb fünf gewesen sein, auf keinen Fall später. Ein Sonntag natürlich. Muttertag ist schließlich immer an einem Sonntag. Jemand rüttelte an meinem Arm. Im Halbschlaf glaubte ich, es sei vielleicht das Müttergenesungswerk. Endlich hatte man dort erkannt, daß mir, Cornelia Wiesner, dringend eine Kur genehmigt werden mußte.

Aber keine Mutter-Kind-Kur, sondern eine Mutter-Kur.

Alles andere wäre tabu.

Da würde ich keine Kompromisse eingehen.

Trotzdem: Das Rütteln hörte nicht auf.

Sekunden später realisierte ich, daß nicht das Müttergenesungswerk mir Gutes wollte. Es war Pauline.

„Aufstehn", quakte sie in mein Ohr. „Heute ist doch Muttertag."

Muttertag. Wer hatte den eigentlich erfunden?

Es muß auf jeden Fall ein Vater gewesen sein. Oder ein Kind.

Aber auf keinen Fall eine Mutter.

Eine Mutter hätte nämlich schon im vorhinein geahnt, worauf so ein Muttertag hinausläuft.

„Aufstehn", quakte Pauline weiter. „Wir haben doch den Tisch für dich gedeckt."

Phantastisch.

Ich konnte mir nichts Schöneres vorstellen als gegen halb fünf in der Frühe ungewaschen am Frühstückstisch zu sitzen. Neidisch linste ich zu Christoph hinüber. Der schlief noch. Sicher war es kein Zufall, daß der Vatertag in der Regel ganz anders begangen wurde. Mir schien, Christoph grinste im Schlaf.

„Aufstehn", quakte Pauline schon wieder. „Oder sollen wir dir das Frühstück ans Bett bringen?"

Nein, um Gottes willen.

Ich sprang aus dem Bett.

Das hatten sie schon im letzten Jahr versucht. Die Milchflasche war ihnen beim Transport schon in der Küche umgekippt, Marmelade hatte mir im Schlafzimmer noch Tage später unter den Füßen geklebt, und die Spuren des viel zu weich gekochten Eis findet man heute noch irgendwo auf meiner Matratze.

Dann lieber in die Küche.

Die Kinder hüpften vor Aufregung um mich herum. Endlich durfte ich mit einem großen Schwung die Küchentür öffnen.

Wie rührend. Pauline hatte einen Gänseblümchenkranz um meinen Teller gelegt. Auf dem Tisch war alles ausgebreitet worden, was sich im Kühlschrank befunden hatte: Oliven, die übriggebliebenen Ananasringe von vor drei Tagen. Selbst die Blätterteigplatten, mit denen ich heute backen wollte, hatten sie nicht vergessen.

Justus hatte sogar Kaffee gekocht. In meiner Tasse schwamm außer einer bräunlichen Brühe eine größere Menge Kaffeemehl.

Die Kinder sahen mich erwartungsvoll an.

„Phantastisch", sagte ich. „Damit habe ich ja gar nicht gerechnet."

„Du mußt noch aufmachen", sagte Pauline. Dabei hüpfte sie auf einem Bein. Das tut sie immer, wenn sie noch nicht weiß, wie ihr Geschenk ankommt.

Eine Bastelarbeit aus dem Kindergarten.

Wunderschön.

Und sogar Jakob hatte ein Bild gemalt.

Ich nahm ihn kräftig in die Arme.

Dann noch ein Monstrum von Geschenk.

Das mußte von Justus sein. Justus machte immer bombastische Geschenke.

Ein Handwerker, wie er im Buche steht.

Justus kann aus allem etwas machen. Zum Beispiel die Blumenvase, die er mir kürzlich aus einer leeren Persil-Flasche gezaubert hat. Oder die Kette aus Tannenzapfen vom letzten Geburtstag. Die habe ich den ganzen Abend getragen, sogar als Christophs Chef überraschend hereinschneite. Er hat die ganze Zeit geschwiegen und erst beim Abschied eine Bemerkung gemacht.

„Naturschmuck ist ja jetzt sehr en vogue", meinte er mit Blick auf meinen Tannenbaumschmuck. „Ein interessantes Modell."

„Nicht wahr?" habe ich geantwortet. „Und es harzt auch kaum."

Ich stehe zu den Geschenken meiner Kinder.

Vorsichtig hob ich deshalb nun das Präsent meines Ältesten hoch. Oder besser: Ich versuchte, es hochzuheben. Aber es war unbändig schwer. Genaugenommen war es so schwer wie ein Stein. Ein großer, schwerer Stein, der notdürftig in Geschenkpapier eingewickelt war.

„Was da wohl drin ist", sagte ich und hoffte aufgrund der Größe, daß es etwas für draußen sein möge. Vielleicht ein Stein, den Justus selbst behauen hatte. Seine erste Skulptur sozusagen. Der Beginn einer großen künstlerischen Karriere.

Das Material ließ allerdings weniger darauf schließen.

Ein grauer Hohlblockstein zeigte sich, als ich das Geschenkpapier abstrich. Er war so gut wie gar nicht verändert. Man hätte ihn, wie er war, im Mauerwerk verarbeiten können.

„Ein Stein", sagte ich möglichst neutral.

„Aber kein herkömmlicher Stein", erklärte Justus, und es hätte mich nicht gewundert, wenn er nun erklärt hätte, es handele sich um ein Zaubermodell.

„Der ideale Schreibtischordner", führte mein Ältester aus, und ich war erleichtert, weil ich dachte: Wenn es mit dem Künstlern nicht klappt, kann er immer noch Gebrauchtwagenhändler werden. Er verkauft einen Opel Astra als Porsche.

„Sieh nur, hier kannst du die Stifte reinstellen, hier die Büroklammern-"

Tatsächlich, die Hohlräume im Stein waren vielseitig nutzbar. Ich stellte mir gerade vor, wie sich dieser Koloß auf meinem eher zierlichen Schreibtisch machen würde.

„Dann hast du endlich Ordnung auf dem Schreibtisch", erläuterte Justus abschließend.

Ich lächelte dankbar.

In erster Linie würde ich einen Betonklotz auf dem Schreibtisch haben. Allerdings war Justus' Bemerkung nicht ganz falsch. Für Unordnung würde auf meinem Schreibtisch wirklich kein Platz mehr sein.

Trotzdem. Der Stein war ein weiterer Beweis dafür, daß Justus in gewisser Weise ein Genie war. Er hatte die Gabe, Dinge aus einer ganz anderen Perspektive zu sehen, ihnen eine neue Funktion zu verleihen. Das war toll. Er konnte wirklich aus allem etwas machen. Ein Bestreben, das übrigens von mir kommt.

Schon von klein auf habe ich den Kindern klargemacht, daß Selbstgemachtes viel wertvoller ist als Dinge, die man mit Geld kaufen kann. So versuche ich häufig auch selbst, für die Kinder etwas von Hand herzustellen.

Zum Beispiel den Adventskalender. Den mache ich immer selbst. Und da kommen natürlich auch keine Süßigkeiten rein. In unserem Adventskalender finden sich nur Zettelchen. Und darauf stehen dann kleine Überraschungen ganz anderer Art.

„Heute darfst du vom Kindergarten allein nach Hause kommen." oder *„Am Abend darfst du dir aussuchen, welche Geschichte ich vorlese."*

Als ich im vergangenen Jahr den Kalender anfertigte, mußte ich an unsere Zukunft denken. Irgendwann würden unsere Kinder diese Dinge sicherlich albern finden. Sie würden sie noch eine Weile mitmachen, um uns einen Gefallen zu tun. Und irgendwann, noch viel später, würden dann vielleicht Christoph und ich solch einen Kalender bekommen.

Von den Kindern, die uns eine Freude machen wollten.

Nur, was würde dann auf den Zettelchen stehen?

„Heute darfst du Moos für die Krippe sammeln" wäre bestimmt im Alter ein ähnlicher Knaller wie heute für die Kinder. Vielleicht paßte man sich aber auch den Gegebenheiten an*: „Heute besuchen wir euch im Altersheim."*

Aber bis dahin ist es ja noch ein weiter Weg.

Nun, ab und zu denke ich schon daran.

Allein, weil mir nicht klar ist, ob ich meinen Schreibtischordner ins Altersheim mitnehmen darf.

Die Tischchen sind da ja nicht sehr stabil.

Im Altersheim.

Kuschelige Tierchen

Kinder lieben Tiere. Das ist normal.

Kinder wünschen sich Tiere. Das ist auch normal, aber überhaupt nicht angenehm.

Ich liebe auch Tiere. Aber von mir aus müssen sie nicht unbedingt bei mir im Haus wohnen.

Zwei Jahre lang hat sich Pauline zum Geburtstag ein Haustier gewünscht.

„Irgendeins", hat sie gesagt, „Hauptsache, es ist schön kuschelig."

Dann ist sie auf die Idee gekommen, sich ein Tier zu Weihnachten zu wünschen - in der optimistischen Hoffnung, dass das Christkind meine Befürchtungen bezüglich Haaren auf dem Sofa nicht teilt. Als das Christkind statt des Vierbeiners eine Puppenstube brachte, war Paulines Vertrauen vollständig dahin. „Nicht mal das Christkind", schluchzte sie, „nicht mal das Christkind versteht, daß ich ein Häschen brauche."

Sie sagte wirklich *brauche*, und ich habe mir lange Gedanken gemacht, was sie damit meint. Bekam unsere Tochter nicht genug Liebe? Hatten wir alles falsch gemacht? Warum *brauchte* sie ein Häschen, aber keine Puppenstube?

Wenn ich nicht die ganzen Geschichten von anderen Müttern kennen würde! Zum Beispiel von Uschi, meiner Kollegin aus der Meditationsgruppe. Uschi hat wie alle anderen Mütter mit drei Kindern Wochen ihres Lebens beim Kinderarzt verbracht.

Und heute?

Heute sitzt sie beim Tierarzt.

Ständig. Stundenlang.

Ihre Katze hat andauernd etwas. Mal muß sie kastriert werden, dann hat sie Durchfall. Neulich hat sie sogar vom Tierarzt eine Aufbauspritze gekriegt.

Dabei hätte Uschi die Aufbauspritze viel nötiger gehabt.

Denn ich brauche nicht zu erwähnen, wer die Katze regelmäßig füttert, wer das Katzenklo säubert und die Stunden beim Tierarzt absitzt.

Natürlich Uschi.

Keins ihrer Kinder hat dafür heute noch Zeit. Obwohl sie vorher unbedingt ein Kuscheltier gewollt, ja wahrscheinlich sogar gebraucht hatten. Im Moment wünschen sie sich einen Hund. Dem kann man wenigstens was beibringen, sagen Uschis Kinder. Moritz, der Kater, macht das nämlich nicht mit. Deshalb ist er auf Dauer uninteressant geworden.

Aber ein Hund? Um den würden sich die Kinder auf jeden Fall kümmern.

Spazierengehen? Kein Problem, das machen Kinder doch sowieso gerne. Ich kenne kaum Kinder, die sich nicht um einen Sonntagsspaziergang reißen.

Und füttern? Das macht beim Hund doppelt soviel Spaß wie bei einer Katze. Also, wenn Uschis Kinder einen Hund haben dürften...

„Wenn du das tust“, habe ich zu Uschi gesagt, „lasse ich dich einweisen. Ins Tierheim.“

Apropos Tierheim. Meine Nachbarin Steffi – die, die damals zur Tupper-Party eingeladen hatte - hat die zwei

Kaninchen für ihren Sohn aus dem Tierheim geholt. Man hatte ihr versprochen, die beiden würden sich glänzend verstehen, auch wenn sie beide Männchen seien. Nach zwei Tagen hat das eine dem anderen ein Stück vom Ohr abgebissen. Das hat sogar Pauline entsetzt und ihr Bild vom lieben kleinen Kuscheltier ein wenig ins Wanken gebracht. Meine Nachbarin Steffi ist nicht nur entsetzt, sie ist schier verzweifelt. Nur so kann man erklären, daß sie seitdem an den Tieren verschiedenste Erziehungstheorien ausprobiert. Sie versucht alles: die harte Linie und Laisser faire, Lob, Strafe – doch die Kaninchen sind schlichtweg immun gegen Erziehung.

Neulich wurde ich wieder einmal Zeuge ihrer pädagogischen Einflußnahme. Als ich kam, war sie gerade dabei, für jedes der beiden Tierchen eine Möhre in den Stall zu legen. Gespannt wartete sie ab.

„Siehst du, schon wieder!" Steffis Stimme schwankte zwischen Entrüstung und Selbstbestätigung. Tatsächlich, wieder schnappte das frechere dem ohne Ohr seine Portion weg.

„Aber jetzt!" sagte Steffi, und mich ließ das Gefühl nicht los, daß sie so etwas wie innere Genugtuung bei diesem Erziehungsversuch verspürte.

Sie schnappte sich das brave Tier, setzte es vor den Käfig und ließ den Vielfraß mitansehen, wie sein Kumpan drei Möhren auf einmal bekam, geschützt durch eine Reihe von Gitterstäben.

Ich weiß nicht, was Steffi jetzt erwartete. Daß sich der Freche in eine Ecke setzte und Buße tat? Daß er dem Kumpel pfoteschüttelnd um Verzeihung bat und auf ewig der Gewalt abschwor? Der Vielfraß guckte nur. Als die drei Möhren gefressen waren, setzte Steffi das ruhige Tier wieder in den Käfig.

Es marschierte einmal im Kreis herum und dann schurstracks auf den Käfiggenossen zu. Wir konnten gar nicht so schnell gucken, da war es schon passiert. Es biß dem frechen Kaninchen ins Ohr.

Gestärkt durch die Möhren und durch menschliche Unterstützung.

Steffi war schier außer sich.

„Vielleicht sind sie jetzt quitt", versuchte ich der Situation etwas Positives abzugewinnen. „Und der Fall ist für immer erledigt."

So richtig glauben konnte ich das selber nicht. Aber eins ist mir klar geworden: Kaninchen sind noch schwerer zu erziehen als Kinder.

Pauline hat übrigens kürzlich im Kindergarten über Haustiere gesprochen. Als es darum ging, was Kaninchen am liebsten fressen, hat sie *Ohren* gesagt.

Daraufhin hat die Erzieherin etwas pikiert zu mir gemeint, es wäre gar nicht schlecht, wenn unsere Kinder mal mit Tieren in Berührung kämen, allein um ihnen ein gewisses Grundwissen über unsere vierbeinigen Freunde zu vermitteln.

Dieser Spruch war eine böse Prophezeiung, denn kurze Zeit später kam Rocky bei uns ins Haus, weich, kuschelig, flink, mit dunklen Knopfaugen – aber dann als Haustier doch nicht so richtig verfügbar.

Rocky ist ein Marder, und Rocky hat mich beinahe um den Verstand gebracht.

Es begann an einem Mittwochabend, als Christoph Dienst hatte. Die Kinder waren schon im Bett, und ich hatte dummerweise gerade einen Thriller im Fernsehen geguckt. Das war noch nicht wirklich schlimm. Schlimm war, daß ich danach durch die Fensterscheibe nach draußen ins Dunkle spähte, um zu sehen, ob es regnete. Denn in genau diesem Augenblick schickte sich Rocky an, durch das Fenster nach drinnen zu spähen. Ich blickte Rocky in seine schwarzen Augen und war nur zwei Zentimeter von ihm entfernt. So nah sind wir uns später nie wieder gekommen. Die intime Begegnung endete auch sehr abrupt, als ich begann wie eine Besessene zu kreischen.

Ich dachte alles Mögliche. Eine Inkarnation des Teufels, so meinte ich, bei uns am Fenster. Es gibt ihn also doch. Außerdem dachte ich: Unser Haus, verseucht mit ekligen Pelztieren. Sie wohnen wahrscheinlich schon überall, im Keller, auf dem Dachboden, zwischen den Wänden. Nur, wenn wir schlafen, kommen sie heraus und nagen an unserem Brot und probieren unsere Kleider an und legen sich auf unsere Wohnzimmercouch.

Wahrscheinlich fressen sie auch Kinder. Oder Eltern. Oder beides.

Mit Sicherheit übertragen sie gräßliche Krankheiten. Vorsorglich haben sie sämtliche Erreger schon mal an unterschiedlichsten Stellen des Hauses deponiert, im Brot, an unseren Kleidern, auf der Wohnzimmercouch. Ich dachte an Hautausschlag, Maden, Würmer, Krätze. Aber vor allem dachte ich: Warum ist Christoph schon wieder nicht da?

Ich weiß nicht, was Rocky damals dachte. Vielleicht dachte er: *Nein, nicht schon wieder so eine hysterische Alte. Warum bin ich nicht als Zwergkaninchen auf die Welt gekommen? Oder als Goldhamster?*

Manchmal glaube ich das.

Weil Rocky so guckte.

Ganz kurz guckte er so. Dann war er weg.

Aber er war natürlich nicht wirklich weg. Von nun an war er da. Unüberhörbar war er da.

Zunächst ließ ich mich ein wenig beruhigen. Ich hatte Christoph das Tier beschrieben, und er war sich ganz sicher, daß es sich nur um einen Marder handeln konnte. Christoph kommt schließlich vom Land. Da lebt man mit Tieren auf, die Großstädter in den Urwäldern Afrikas vermutet hätten: Marder, Blindschleichen, ja sogar einen Waschbären behauptet er als Junge gesehen zu haben.

Ich bin nicht sicher. Vielleicht hat er einfach zuviel Karl May gelesen.

Christoph freute sich anfangs beinah über den Marder. Er behauptete, so ein Marder würde nur in ein gesundes Haus einziehen. In Häusern mit irgendwelchen Umweltgiften würde kein Marder seinen Fuß setzen. Ich war begeistert, aber dann dachte ich wieder an Hautausschlag, Maden und Würmer.

Vielleicht wollte das Vieh uns mal ein bißchen Abwechslung bieten. Immer nur gesund – langweilig, dachte es vielleicht.

Keine Ahnung, ob Marder überhaupt denken.

Obwohl – so wie die Geschichte weiterging, glaub' ich das schon.

Christoph fand es, wie gesagt, gar nicht so schlimm, daß der Marder da war. Man könne gut mit einem Marder unter einem Dach leben, behauptete er. Da kannte er Rocky noch nicht.

Marder sind nachtaktiv. Das brauche ich niemandem zu erzählen. Nicht mal jemandem, der bislang eine Blindschleiche für eine Ureinwohnerin Afrikas hielt.

Marder sind nachtaktiv, was bedeutet, daß sie alles, was sie tun, nachts tun.

Und Marder tun viel. Marder sind nicht faul.

Sie gehen auf Jagd.

Sie spielen mit ihrer Beute, bevor sie sie vertilgen.

Sie richten sich häuslich ein.

Marder haben viel zu tun.

Nachts.

Und Marder tun es nicht leise.

Anfangs war es noch nicht schlimm. Mal hörte man von oben ein Kratzen und Trippeln, und nach ersten hysterischen Anfällen, bei denen ich ein Heer von Einbrechern auf unserem Dachboden vermutete, gewöhnte ich mich daran.

Ich weiß nicht, warum, aber schon bald wurde der Marder lauter. Wahrscheinlich fühlte er sich zunehmend wohler. Zu Hause eben. In den eigenen vier Wänden nimmt man keine Rücksicht.

Es gab Nächte, da dachte ich, eine ganze Fußballmannschaft balge sich auf unserem Dachboden. Christoph und ich standen dann senkrecht im Bett und konnten es nicht glauben.

So langsam formte sich der Gedanke, daß da jemand lästig wurde.

Irgendwann waren dann auch die Kinder betroffen.

„Kannnich schlafn", murmelte Jakob vor unserem Bett.

„Da ist jemand über meinem Zimmer", beschwerte sich Justus.

Und Pauline berichtete gegen drei Uhr nachts mit riesengroßen Augen: „Mein Zimmer kracht gleich ein."

Der Zustand war nicht mehr haltbar. Einer wurde immer wach, und dabei blieb es meist nicht. Die Kinder weckten uns oder einander. Es fand praktisch keine Nachtruhe statt.

„Das Vieh muß weg", beschloß Christoph eines Nachts gegen vier Uhr und zog demonstrativ das Kissen über seinen Kopf.

„Aber Rocky!" sagte Pauline noch, doch als sie meinen Blick sah, sagte sie nichts mehr.

Christoph meinte, so einen Marder loszuwerden sei kein Problem. Nicht schwerer als ein Auto einzuparken.

Mir lag auf der Zunge: Kommt ganz auf die Parklücke an. Aber ich schwieg. Und Christoph begann mit seinen Marder-Kündigungs-Maßnahmen.

Als Problem stellte sich heraus, daß man Rockys Nachtlager nicht begehen konnte. Es befand sich, das fanden wir schnell heraus, im hintersten Winkel der Dachschräge, die mit dicken Balken versperrt war. In der Regel gelangte Rocky wohl an der Hauswand entlang zu seinem Versteck, was jedoch nicht bedeutete, daß er nicht durch einen handbreiten Spalt hindurch gelegentlich einen Ausflug auf den Spitzboden machte. Dort hatte er an verschiedenen Stellen seine Spuren hinterlassen. Nach meiner ersten Inspektion dachte ich wieder an Hautausschlag, Maden, Würmer...

Gott sei Dank kümmerte sich Christoph darum. Er kennt sich schließlich aus mit sowas. Er kommt ja vom Land. Das verlieh ihm auch das Selbstbewußtsein, Rocky den Kampf anzusagen.

Er begann mit einer Lebendfalle. Rocky sollte bei allem Ärger kein Haar gekrümmt werden. Rocky sollte irgendwo anders in Frieden leben. Ich hoffte nur, sein nächster Dachboden war weit genug von uns entfernt.

Die Lebendfalle war ein Witz. Rocky rührte sie nicht an. Er verzichtete gerne auf Eier und Fleisch und suchte sich stattdessen sein eigenes Fressen. Christoph probierte alles. Irgend jemand gab ihm den Tip mit Nutella. Klappte nicht. Danach standen Nudeln an, Käse, Oliven. Ich glaube, Christoph hätte seinen eigenen Finger in die Falle gelegt, wenn er damit Erfolg gehabt hätte.

Mich selbst beschlich langsam das Gefühl, daß Rocky sehr wohl denken konnte. Und nicht nur das. Irgendwann wußte ich sogar: Das Tier hat Humor. Eines Morgens war die Falle zugeschnappt. Allerdings ohne Rocky darin. Neben dem Käfig lag ein toter Vogel. Den hatte Rocky wohl daneben gelegt. Offensichtlich ein Geschenk an Christoph.

Mein Liebster nahm die Herausforderung an. Die Falle verschwand. Christoph verfolgte ein neues Konzept. Licht und Lärm würden jeden Marder verjagen, erläuterte er mir. Ein paar Tage noch, und Rocky wäre nicht mehr unter uns. Ich schwieg ein weiteres Mal, und mir fiel der Vergleich mit der Parklücke wieder ein. Christoph installierte einen CD-Player auf dem Dachboden, außerdem zwei Schreibtischlampen. In den ersten beiden Nächten lief die Musik noch halblaut. Den darauffolgenden Abend lauschten wir gespannt auf Geräusche von oben.

Schon gegen zehn Uhr stand fest: Rocky war noch da. Und putzmunter.

Christoph rüstete auf: Er drehte den Lautstärkeregler bis nach hinten und stellte zwei Stehlampen aus dem Wohnzimmer hinzu.

Rocky blieb.

Dann überkam es meinen Gatten. Er schleppte seine HiFi-Anlage auf den Spitzboden. Von einem Partyausstatter lieh er sich drei Disco-Lichtorgeln aus. Hätte man eine Fete feiern wollen, wäre die Stimmung astrein gewesen. So war sie eher gedeckt, denn der Lärm war ohrenbetäubend. Durchs ganze Haus dröhnte Pink Floyd. Es war auch nicht im geringsten an Schlafen zu denken.

Um neun Uhr stand Jakob vor unserem Bett. „Kannich schlafn", murmelte er.

„Über meinem Zimmer macht jemand eine Feier", beschwerte sich Justus.

Und Pauline schluchzte mit riesengroßen Augen: „Ich glaub', das Haus kracht gleich ein."

Das dachten wohl auch die Nachbarn, die sich bei uns beschwerten.

„Es ist ein Notfall", sagte Christoph dann jedesmal, und irgendwie glaubte man ihm das.

In der sechsten Nacht vervollständigte Christoph seine Installation. Er befestigte ein paar Außenscheinwerfer, so daß unser gesamtes Grundstück in helles Flutlicht getaucht war. Herr Maier von gegenüber soll gesagt haben: „Ist ja nicht schlimm, daß der Wiesner von Beruf Doktor ist. Aber daß der hier am Haus einen Landeplatz für den Rettungshubschrauber baut, das kann doch nicht angehen."

Am siebten Tag war Christoph mit den Nerven am Ende. Wir hatten mittlerweile mehrfach die Musikrichtung gewechselt – für den Fall, daß Rocky auf Pink Floyd stand und sich durch die Musik gut unterhalten fühlte. Wir selbst spürten ein heftiges Wummern in den Ohren, obwohl wir Ohropax benutzt hatten. Unsere Augen tränten von dem gleißenden Licht, und irgendwie fehlten uns unsere Kinder, die wir schon nach der ersten Nacht bei Freunden einquartiert hatten.

„Er hat gewonnen", wisperte Christoph am Morgen dieses Tages. Er hatte gerade alle Stromkabel herausgerissen. Totenstille und ein angenehmes Tageslicht hatte sich um uns breitgemacht.

Stille.

Und dann das gewohnte Trappeln.

„Er hat gewonnen." Christoph war den Tränen nahe. „Dann ziehen eben wir aus."

„Mach dir nichts draus", versuchte ich meinen Liebsten zu beruhigen. „Nimm es nicht als persönliche Niederlage. Die Marder von heute sind nicht mehr so wie die, die damals bei euch auf dem Land lebten. Marder sind heute anders. Die hören von früh bis spät Pink Floyd, die lieben es, im Flackerlicht zu tanzen, die sind völlig abgedreht und rotzfrech heutzutage."

Christoph tröstete das wenig. Er baute seine HiFi-Anlage ab, sammelte die Scheinwerfer ein, verschrottete die Lebendfalle und begann, Wohnungsanzeigen in der Zeitung zu studieren.

Ohne daß er es bemerkte, begann nun ich, die Initiative zu ergreifen. Meine Tante hatte mir kürzlich so ein grauenvolles Parfüm geschenkt. Ich vermischte es mit Saunaöl und dem abartigen Rasierwasser, das sich Christoph letztens zugelegt hatte. Das Rasierwasser heißt machohafterweise „*wild animal*", was wiederum gut zu einem Marder paßt. Die Mischung verteilte ich großzügig auf dem Spitzboden. Durch den Spalt konnte ich auch Rockys Einzimmerappartment bestäuben. Dann verließ ich fluchtartig den Dachboden. Der Gestank war unerträglich.

Es dauerte zwei Tage, dann war kein Getrappel mehr zu hören.

„Siehst du, ich habe doch Erfolg gehabt", sagte Christoph zu mir.

„Du bist ein Held", bestätigte ich ihn liebevoll. „Ich bin so froh, daß ich jemanden vom Land geheiratet habe, der sich mit praktischen Problemen auskennt."

Was hatte Christoph noch behauptet?

Einen Marder loszuwerden ist so einfach wie ein Auto einzuparken.

Ich sehe das anders.

Es ist leichter, einen Marder loszuwerden.

Gestern fragte Christoph übrigens nach seinem Rasierwasser.

„Ich habe es dem Marder mitgegeben", habe ich zu Christoph gesagt. Der guckte mich entgeistert an.

„Das arme Tier", erklärte ich weiter. „Wenn du es schon mit deinen Tricks vom Lande verjagst, dann soll es wenigstens gut riechen."

Der gute Rocky. Wo er jetzt wohl haust? Auf jeden Fall wird er noch diesen astreinen Geruch am Leib haben und damit alle Marderdamen flachlegen. Es gibt solche Frauen, die stehen auf *„wild animals"*.

Ich nicht. Ich steh' auf Christoph.

Er kann keine Marder fangen, aber einparken kann er ganz toll.

Spaß im Spaßbad

Seit ich Kinder habe, beschäftige ich mich mit ganz anderen existentiell-philosophischen Fragen als früher. Statt *sein oder nicht sein* stehen eher Überlegungen wie *schrei'n oder nicht schrei'n* auf dem Programm.

Zu den Mysterien des modernen Lebens gehört unter alltagsphilosophischen Aspekten für mich auch die Frage, warum Spaßbäder Spaßbäder heißen. Spaßbäder sind kein Spaß, speziell wenn man sie gemeinsam mit drei Kindern aufsucht. Sie sollten daher Anti-Spaß-Bäder heißen, denn Anti-Spaß-Bäder sind in der Lage, eine Woche mühsam erreichter Urlaubserholung an einem Nachmittag wegzuwischen.

Es fängt schon mit dem Umziehen an. Nein, eigentlich noch eher.

Es fängt an, wenn man versucht, sich mit einer Riesenschwimmtasche sowie ein bis drei Kindern auf dem Arm (die haben ja noch keine eigene Karte) durch das Drehkreuz am Eingang zu zwängen. Meistens bleibt man hängen, kommt nicht mehr vor und zurück. Ein Riemen der Riesentasche ist zudem mit der Riesentasche der nachdrängenden Familie verhakt, die Kinder schreien: „Wo ist denn das Wasser?" und man kommt erst wieder frei, wenn die nachdrängende Familie genug Druck ausgeübt hat und sich das Drehkreuz ächzend weiterbewegt.

Jetzt wird's richtig lustig, denn jetzt muß man sich umziehen. Mit drei Kindern. In einer Minikabine von 0,54 Quadratemetern. In diesen Kabinen ist es wegen Überfüllung nicht ganz einfach, die Türen zu schließen. Da sollten dann alle gleichzeitig die Luft anhalten, die Türen zudrücken, und genau in diesem Augenblick muß zum Verschließen die Klappbank heruntergelassen werden. All das erfordert ein hundertprozentiges Timing, das man schon auf der Autofahrt mit den Kindern üben sollte.

Was dann kommt, nenne ich auch gerne die Sumpfphase, weil die heruntergefallenen Kleidungsstücke zusammen mit dem Wasser auf dem Fliesenboden immer so einen angenehmen Schwimmbadmatsch bilden.

Wie auch immer - die Kinder sind irgendwann angezogen und zappeln ungeduldig mit den Füßen. Man selbst zieht sich in Windeseile aus, sucht noch den eigenen Badeanzug, der im Glücksfall noch nicht unter der Kabinentür weggeflutscht ist, und dann passiert es: „Ich gehe schon mal!" sagt Justus und reißt ohne Vorwarnung die Kabinentür auf.

Dieser Moment ist nur mit der Situation zu vergleichen, die man zwangsläufig erlebt, wenn man mit einem Zweijährigen im Schlepptau BHs einkaufen geht. Zweijährige verfügen über ein unglaubliches Gespür dafür, den Vorhang der Umkleidekabine genau dann aufzureißen, wenn man völlig oben ohne dasteht. Die ersten Male ist das noch unangenehm, danach wird es besser. Schon beim vierten Mal grüßt man allen überflüssigen Pfunden und Schwangerschaftstreifen zum Trotz die lieben Nachbarn und sogar den Pastor, den man schon so lange nicht mehr gesehen hat, mit einer an Gleichgültigkeit grenzenden

Gelassenheit. Diese Gelassenheit ist im Schwimmbad noch wichtiger, weil man sich nicht einfach wie im Kaufhaus verkrümeln kann, sondern der Gang ins Schwimmbecken noch ansteht.

Kurz: Man reißt sich die Träger des Badeanzugs hoch, sammelt Restsocken und Wäsche auf und geht erhobenen Hauptes von dannen. Übrigens beträgt die Verlustquote an Socken in der Regel 30 %. Das heißt, bei drei Kindern gehen zwei Socken verloren. Wenn man Glück hat, sind das zwei, die zusammengehören. Allerdings ist es selten, daß man Glück hat, solange es um Socken geht.

Die Unterbringung der Sachen im Schließfach stellt einen gewissen Gefahrenpunkt dar. Während man selbst nämlich vergeblich versucht, Jacken, Schuhe und Riesentasche im viel zu kleinen Spind zu verstauen, sind die Kinder längst in Richtung Dusche und Schwimmbad verschwunden, womöglich ist das erste bereits ertrunken oder wird gerade wiederbelebt.

Hat man selbst die Tür zum Schwimmbad geöffnet, um in die angenehme Atmosphäre des palmendekorierten Bades einzusinken, schlägt einem ein Lärmpegel entgegen, der sich mit Baggerarbeiten vor dem Schlafzimmerfenster messen kann. Auch der Anblick unzähliger Menschen in wenigen Quadratmeter Wasserfläche ist immer wieder beeindruckend.

Einen Moment lang versinkt man in Erinnerungen an Zeiten, als man noch friedlich und kinderlos seine Bahnen ziehen konnte, als das Wort Schwimmbad tatsächlich noch auf das Tätigkeitswort *schwimmen* zurückzuführen war.

Der Moment der Erinnerung ist schnell vorbei, wenn man realisiert, daß die Kinder weg sind. Ein Blick auf die Trage des Schwimmeisters zeigt, daß sie noch nicht eingeliefert worden sind. Also befinden sie sich im Meer der Tausenden, die da um jeden Tropfen Wasser kämpfen. Ich bin schon erleichtert, wenn ich wenigstens Jakob entdeckt habe, der am wenigsten schwimmen kann, der aber gerade munter die acht Meter lange Wasserrutsche herunterfegt, auch wenn man deshalb nur mit einem Hechtsprung in das Eintauchbecken den Nachwuchs retten kann.

Die folgenden zwei Stunden sind der blanke Horror. Ständig auf der Suche nach den Kindern, ewig lange in der Rutschschlange wartend, frierend und schwitzend.

Irgendwann dann ein weiterer Höhepunkt: Unser Windelkind Jakob trägt nur eine Badehose. Das gibt einen Einblick in den Uringehalt des Babybeckens. Wenn der Kleine dann aber richtig loslegt, dann heißt es nur noch, das Kind blitzschnell in ein Handtuch einzuwickeln, größere Objekte aus dem Wasser zu keschern (deshalb immer einen Kescher mit ins Schwimmbad nehmen!) und dann den Unruhestifter in die Dusche zu tragen. Überhaupt sollte man den Anti-Spaß an dieser Stelle beenden.

Interessanterweise bricht man im Schwimmbad immer genau dann auf, wenn alle anderen auch aufbrechen, so daß es sich in Gängen und Kabinen nur so tummelt und einem sowieso nur noch der Gang in die Männer-und-Frauen-Massenkabine bleibt, wo man sich dann, mittlerweile völlig enthemmt, beim Bücken gegenseitig den nackten Po ins Gesicht streckt, wo man mit anderen Familien Socken und Unterhosen austauscht und von wo man dann irgendwann den unseligen Gang zum Drehkreuz antritt - immer noch mit zu voller Riesentasche (man hat zwar zwei Socken und eine Unterhose verloren, dafür aber ein Handtuch prall gefüllt). Draußen dann ein Gefühl der Erleichterung: „Ich hab's geschafft. Ich habe alle Hemmungen verloren. Mir kann keiner mehr was!"

Es klingt paradox. Aber zu Hause sollte man dann erstmal ein Bad nehmen. Ein Spaßbad, aber eins der besonderen Art. Eine halbe Flasche Badezusatz zur Entspannung muß schon drin sein.

Urlaub. Urlaub?

Eine weitere Grundsatzfrage schließt sich an: Hat Urlaub mit Kindern die Bezeichnung „Urlaub" verdient? Seit einigen Jahren schon mache ich zu diesem Thema Studien. Ich erwähnte ja schon, daß wir meistens den Urlaub in Holland verbringen. Ich habe eine Schwäche für die holländischen Ferienhäuser. Sie vermitteln einem auch im Inneren des Hauses etwas von dem Wind, der draußen fegt. Außerdem genieße ich es, in aller Frühe im Wohnzimmer, also im Wohn-Eßzimmer, also in der Wohn-Eß-Küche, noch besser: im Wohneßküchenflur zu sitzen und den Tag zu beginnen.

Eigentlich ist unser Urlaub wunderschön, vor allem weil er jeden Tag schon gegen sechs Uhr anfängt. Unser kleiner Jakob stürzt dann mit einem Freudenschrei in unser Bett und brüllt: „Aufstehn! Endlich!" Wenn man zu diesem Zeitpunkt schnell die Augen öffnet, kann man in der Regel noch erkennen, wie Justus in Unterhose, Gummistiefeln und Regenjacke das Haus verläßt.

„Aufstehn! Endlich!" Unser Kleinster ist beileibe kein Sprachgenie, aber die Wörter, die er beherrscht, kommen in einer bemerkenswerten Lautstärke.

Aufstehen – kein Problem. Die Bäckerei im Ort macht ja schon um neun Uhr auf, und die Zeit bis dahin vertreiben wir uns locker mit Memoryspielen.

Es ist übrigens ein Gerücht zu denken, daß Seeluft Kinder müde macht. Seeluft macht bestenfalls Erwachsene müde, so daß sie gegen neun Uhr abends erschlagen ins Bett fallen und es damit mal knapp eine halbe Stunde länger geschafft haben als die Kleinen – Zeit genug, um das Geschirr wegzuspülen, das sich im Laufe eines langen Tages angesammelt hat. Im Ferienhaus gibt es ja keine Spülmaschine – man befindet sich schließlich im Urlaub.

Der Urlaub fängt eigentlich schon mit der Anreise an. Man packt gemütlich die Sachen ein, voller Vorfreude auf die gemeinsamen Tage, und dann geht's los.

Nicht so bei uns.

Nachdem ich drei Tage lang zusammengepackt habe und Christoph in einem Wunderakt männlicher Verpackungskunst drei Kubikmeter Gepäck in zwei Kubikmetern Auto verstaut hat, geht es erst richtig los. Damit meine ich nicht, daß die Kinder schon auf dem Weg zur Autobahn zweiunddreißigmal gefragt haben, ob wir bald da sind.

Nein, das ist nicht weiter schlimm.

Wirklich schlimm sind die Kindercassetten. Sie sind unumgänglich, weil sonst die Stimmung auf den hinteren Plätzen rapide umschlägt. So laufen zunächst drei Folgen *Benjamin Blümchen* und danach *Bibi Blocksberg, Folge 186,* viermal hintereinander. Nach hundertachtzig Kilometern murmelt Christoph, er werde als Tierpfleger im Neustädter Zoo anheuern, um den nervtötenden Elefanten Benjamin mit einem kräftigen ***töro*** eigenhändig umzubringen.

Ich selbst bin praktischer veranlagt. Sollte ich mich

beruflich neu orientieren müssen, werde ich mich als Cassettenbesprecherin bewerben und im Bewerbungsgespräch *Bibi Blocksberg, Folge 186,* auswendig vortragen – und zwar alle Rollen.

Irgendwie kommt man in der Regel ja dann trotzdem an – zwar unter Verwendung von sechs Packungen Schokoladenkeksen, die ich als Bordservice nach hinten reiche – aber immerhin.

Nach der Ankunft die Besichtigung des Ferienhauses. *Einsam – einfach – einmalig!* So stand es im Prospekt. Ich kann dem nur zustimmen. Eine solche Toilette habe ich noch nie gesehen. Sie ist kaum beschreibbar. Am besten läßt sie sich durch eine Umschreibung der Kinder charakterisieren, als sie begeistert am Telefon der Oma davon berichten: „Oma, stell dir vor. Wir haben über dem Klo eine Dusche."

„Stimmt gar nicht, es ist ganz anders: Wir haben in der Dusche ein Klo – und von den Fliesen fehlt immer ein Stück – lustig, nicht wahr?"

In Wirklichkeit ist es so: Wir haben auf einer Fläche von 1,2 qm – Christoph hat das genau nachgemessen – Toilette und Dusche. Und das reicht! Denn ich habe festgestellt, unter diesen Bedingungen muß man gar nicht mehr zur Toilette. Man soll nicht denken, wozu die Psyche in der Lage ist. Und das holländische Brot erledigt dann den Rest.

Ansonsten ist das Ferienhaus sehr in die Natur eingebunden. Zum ersten Mal können unsere Kinder das Jagd- und Freßverhalten heimischer Insekten hautnah miterleben. Abends hört man gelegentlich Anfeuerungsrufe aus dem Kinderzimmer. Dann hat sich an der Zimmerdecke gerade eine hilflose Motte in einem der vierundzwanzig betriebenen Spinnennetz verfangen und kämpft ums nackte Überleben.

Aber welche Rolle spielt schon das Haus? Deshalb fährt man doch nicht nach Holland. Wir jedenfalls fahren, um unseren Kindern Strand, Sonne, Freiheit und Buddelerlebnisse zu bescheren. Es gibt noch keine aktuellen Forschungsergebnisse zu dem Thema, aber wir machen jede Wette, daß unser pädagogisch wertvoller Urlaub im Vergleich zu fröhlichen Miniclubs unsere Kinder nicht nur glücklicher, ausgeglichener, nein, auch intelligenter macht. Wir merken das: Wenn wir am Strand sitzen und unsere Kinder zufrieden vor sich hinschaufeln, dann tun wir ihnen etwas Gutes.

Nur gelegentlich werden unsere Erziehungstheorien ernsthaft in Frage gestellt. Einmal, zum Beispiel, gruben die Kinder ein Loch, ein riesengroßes Loch. Voller Begeisterung und Ausdauer waren sie bei der Sache. Christoph und ich lagen da, zufrieden lächelnd, fast ein wenig stolz.

„Ihr habt aber eine tolle Grube gemacht!" lobte Christoph mit seligem Gesicht. „Wofür ist denn die?"

„Du bist doch der Älteste von uns!" antwortete Pauline freudestrahlend. „Wir dachten, wenn du noch hier im Urlaub stirbst, dann können wir dich darin begraben."

Ein anderes Mal, als wir am Strand lagen, sammelten die Kinder Muscheln.

„Aus diesen Naturprodukten kann man wunderschöne Dinge basteln!" hatte Christoph ihnen erklärt. „Es ist ja so wichtig, daß unsere Kinder Umgang mit solchen Naturprodukten haben", erläuterte er anschließend altklug in meine Richtung. Für etwa vier Minuten kam so etwas wie Ruhe auf.

„Freust du dich schon?" murmelte Christoph und streichelte mit geschlossenen Augen mein linkes Bein.

„Worauf? Auf die Nudeln im Ferienhaus?"

„Auf die Toskana! Wir sollten demnächst mal in die

Toskana fahren. Die Kinder sind doch bald aus dem Gröbsten raus. Jakob wird nächstes Jahr schon drei. Dann wird alles besser, und wir können endlich mal nach Italien reisen." Christoph geriet ins Schwärmen. „Ich sehe sie schon vor mir, die Pinienbäume, die sich sanft im Wind wiegen. Ich rieche den Duft von Lavendel. Und dazu dann ein wunderbarer Landwein."

Ich fing gerade an, den Lavendel zu riechen, als ich hörte, wie etwas auf Christophs nackten Bauch klatschte. Ich riß entsetzt die Augen auf. Jakob hatte dort freudestrahlend mit seiner Schüppe etwas abgeladen.

„Was ist das?" kreischte mein Liebster voller Abscheu. Die Frage war überflüssig. Was dort lag, war braun und matschig, stank bestialisch und war in seiner Gesamtheit der untrügliche Beweis dafür, daß nicht alle Strandbesucher sich an das Hundeverbot gehalten hatten.

„Was ist das?" brüllte Christoph nochmal, wohl in der Hoffnung, daß es sich um einen raffinierten Scherzartikel handelte.

Jakob sagte etwas. Dann war er weg. Es war ein neues Wort, da bin ich sicher. Und wenn ich mich nicht sehr täusche, dann sollte es „Naturprodukt" heißen.

Trotz allem – wir lieben unseren Urlaub in Holland, auch wenn die äußeren Bedingungen nicht immer optimal sind. Die Betten zum Beispiel. Die durchgelegenen, holländischen Betten – über die sollte man besser kein einziges Wort verlieren, bestenfalls ein einziges:

Nächstes Jahr fahren wir wieder nach Holland. Unser Baby wird dann drei Monate alt sein, da ist Holland genau das Richtige. Übrigens: Wenn es ein Mädchen wird, soll es Antje heißen.

Was ich vermissen werde

Das mit dem vierten Kind war nur ein Scherz. Wie Christoph träume auch ich inzwischen von besseren Zeiten, zum Beispiel in der Toskana.

Allerdings habe ich mir sagen lassen, daß an die Stelle schmutziger Windeln zunächst andere Dinge treten. Mädchen zwischen zehn und vierzehn sollen sich angeblich nur noch über Pferde unterhalten. Haben sie dann tatsächlich die Gelegenheit zum Reiten, blockieren sie stundenlang das Telefon im Gespräch mit ihrer Freundin, mit der sie dann Sätze austauschen wie: „Morgen gehe ich zuerst zu Rosa", (wobei es sich um ein Pferd handelt), „Die war gestern richtig sauer, weil ich erst zu Lina gegangen bin" (wobei man noch weniger glauben kann, daß über Pferde geredet wird). „Meinst du, Lissy schafft nächste Woche die große Runde?" (wobei es einem mittlerweile egal ist, ob Lissy Pferd oder Mensch ist. Hauptsache, die Telefonleitung wird wieder frei)

Noch schlimmer soll dann die Phase sein, wenn die Mädchen nicht mehr über Pferde, sondern über Jungen reden. Christoph und ich haben schon jetzt Angst vor dem Augenblick, wenn Pauline uns mit einem Glänzen in den Augen von einem Jungen vorschwärmt und dieser uns dann als verpickeltes, pubertierendes Etwas vorgestellt wird.

Unsere Pauline!

Unsere süße, kleine Pauline!

Mindestens genauso schlimm wird es sein, wenn Justus ein verpickeltes, pubertierendes Etwas ist. Wenn er sich in die Schönheit der Klasse verliebt hat und diese ihn mit der Bemerkung zurückweist, Jungen, die noch eine LEGO-Raumstation besäßen, wären für sie indiskutabel.

Unser Justus!

Unser armer, kleiner, verpickelter Justus.

Die nächste Phase ist wohl auch nicht viel besser. Jedenfalls kann ich mir Schöneres vorstellen als regelmäßig durch die Nacht zu fahren und die Kinder von irgendwelchen Feten abzuholen. Andererseits – wenn man ansonsten eh nur schlaflos im Bett gelegen hätte, ist es auch nicht so schlimm.

Neulich erzählte uns ein Bekannter, er habe seine Tochter aus der Disco abholen wollen. Über eine halbe Stunde habe er im Auto gewartet. Dann sei er in Pantoffeln hineingegangen und habe das Mädchen gesucht. Irgendwann fand er sie in einer Gruppe tanzender Teenager, die keine Zeit gehabt hatten, auf die Uhr zu sehen. Er wurde mit den Worten empfangen: „Dies ist der peinlichste Moment in meinem Leben, Papa!" Gott sei Dank war unser Bekannter wenig empfindlich und dafür umso schlagfertiger: „Mach hinne", meinte er. „Sonst fange ich gleich an zu tanzen."

Unmittelbar darauf folgt dann der wirkliche Schnitt. Die Kinder gehen aus dem Haus, und spätestens dann werde ich alles vermissen. Klar, auch wir haben damals bei der Geburt gleich mehrmals den gängigen Spruch geschenkt bekommen: *Unsere Kinder sind nicht unsere Kinder. Sie sind die Söhne und Töchter der Sehnsucht nach sich selbst...*

Schön und gut. Aber wer hat den Steubern denn jahrelang den Po abgewischt, die Hausaufgaben korrigiert und die Nase geputzt? Wir oder die Sehnsucht nach sich selbst?

Ich bin sicher. Soviel ich auch schimpfe – ich werde in Windeseile alles vergessen haben. Ich werde vergessen haben, daß jahrelang die Duschkabine meine einzige Trutzburg war. In die keiner eindringen konnte. In der ich den Lärm, das Geschrei, die Quengelei der Kinder nicht hören konnte. In der ich einfach nicht zuständig war.

Und aus der ich nach einer Viertelstunde heißen, seligen Duschens dann doch immer wieder herauskommen mußte.

Womöglich wird mir sogar das Antreiben fehlen. Man wird ja über die Jahre Meisterin darin. Zum Beispiel morgens beim Anziehen: *Jetzt, mach schon! Hier ist die Socke. Bitte zieh dich jetzt an! Wir sind sowieso schon so spät dran.*

Oder wenn es in die Schule geht: *Wo ist denn dein Turnbeutel? Hast du dir auch nochmal die Zähne geputzt? Und denk beim Diktat dran, daß das erste Wort im Satz immer groß geschrieben wird.*

Nicht zu vergessen beim entspannenden Würfelspiel: *Wer ist jetzt dran? Dann mach doch endlich! Aber paß auf, daß der Würfel nicht schon wieder runterfällt! Oh nein, jetzt hast du alle Püppchen umgeschmissen!*

Mir wird das vollgekrümelte Auto fehlen, und beim Anblick unserer Fenster ohne die bekannten Abdrücke fettiger, klebriger Kinderhände werden mir die Tränen kommen.

Egal, wie oft ich auch fluche, weil die Kinder gnadenlos auch am Wochenende in aller Frühe munter sind, so werde ich doch die kleinen kalten Füßchen vermissen, die sich regelmäßig am Morgen in meinen Bauch drücken.

Außerdem: Wie organisiert sich eigentlich ein Tag, wenn man nicht Pauline aus der Musikschule holen und Justus zum Sport bringen muß, um in derselben Zeit aber mit Jakob im Kindergarten eine Laterne zu basteln? Übrigens die elfte Laterne meiner gesamten Laternen-bastel-Karriere, wie ich erst jüngst ermittelt habe.

Es wird mir fehlen, wenn ich am Strand keine Burg mehr bauen muß. Und wenn es regnet, gibt es keinen mehr, der durch die Pfützen patscht. Keine Streiterei, weil Justus schon wieder der „Bestimmer" sein will. Niemand, der den Teig aus den Brötchen puhlt. Und kein aufgeschlagenes Knie mehr, das es zu verarzten gilt. Wahrscheinlich werden mir sogar Paulines Blockflöten-übungen fehlen. Schrill, kreischend, schief – aber eben Pauline.

Ich fände es schade, wenn unsere Kinder nicht mehr durch die Nachbarschaft laufen würden, um trockene Grashalme als heimischen Tee zu verkaufen, wenn ihre Spiele nicht mehr anfingen mit dem unsäglichen Satz „*Wir wär'n wohl arme Kinder...*".

Jakobs Weisheiten werden mir fehlen. Neulich hat er über mehrere Wochen den Mond beobachtet. Nacktes Entsetzen erfüllte ihn, als der Mond nur halb zu sehen war. Beim Vollmond murmelte er dann erleichtert: „Gott sei Dank, jetzt ist der Mond wieder heile!"

Ach ja, natürlich werde ich auch die Aufführungen vermissen, die es regelmäßig zu bewundern gibt. Zirkusaufführungen, Theateraufführungen, Tanzaufführungen, Kasperleaufführungen. Immer zu 20 Pfennig. Und seit neuestem zu 20 Cent. Seit der Euro da ist, ist auch in unserem Kinderzimmer die Inflation nicht zu stoppen.

Alles wird mir fehlen. Da bin ich ganz sicher. Und Christoph erst. Er versinkt schon jetzt in Melancholie, wenn er nur daran denkt. Neulich hatte er Pauline auf dem Schoß und ließ sich von ihr die Welt erklären.

„Wenn ich groß bin, möchte ich kein Baby, weil das tut weh", sagte seine Tochter mit Bestimmtheit. „Das tut noch mehr weh als aufs Klo gehen, wenn man Verstopfung hat, sagt Justus. Weil ich sowieso kein Baby will, brauche ich auch keinen Mann. Deshalb ziehe ich mit Anne zusammen. Ich gehe arbeiten und sie versorgt das Haus. Außerdem halten wir uns einen Hund."

Christoph sagte gar nichts. Was sollte man dazu auch sagen?

„Wahrscheinlich bleiben wir hier im Haus wohnen", führte Pauline weiter aus. „Das ist ganz praktisch."

Christophs Gesicht blühte auf. „Hier im Haus? Wie schön!"

„Für dich ist dann hier aber kein Platz mehr", stellte Pauline klar und wischte somit sämtliche gelungene Pflegeregelungen mit einem Satz vom Tisch. Christoph schaute einigermaßen betreten, und das fiel sogar Pauline auf.

„Aber mach dir keine Sorgen, Papa", sagte sie und nahm Christoph fest in den Arm. „Vielleicht kannst du ja mit Mama in der Garage wohnen."

Seitdem sehen wir der Zukunft eigentlich ganz optimistisch entgegen. Es wird bestimmt gemütlich werden, in der Garage. Und wenn wir nicht wissen, was wir tun sollen, dürfen wir sicherlich mal Paulines Hund ausführen.

Ist doch besser als nichts, oder?

Immer noch besser, als ständig in die Toskana zu müssen.

Kathrin Heinrichs im Blatt-Verlag:

Ausflug ins Grüne
Sauerlandkrimi & mehr

ISBN 3-934327-00-1   9,20 EURO

Es ist schon verrückt. Zunächst bekommt Kölschtrinker Vincent Jakobs diese Stelle als Lehrer. An einer katholischen Privatschule. In einer sauerländischen Kleinstadt. Und gerade beginnt er, das gemütliche Städtchen und seine illustren Gestalten zu schätzen, da muß er feststellen, daß sein Vorgänger auf nicht ganz undramatische Weise zu Tode gekommen ist...

****

Vincent Jakobs' 2. Fall:

Der König geht tot

ISBN 3-934327-01-X   9,20 EURO

Sauerländische Schützenfeste sind mordsgefährlich! Diese Erfahrung muß auch Junglehrer Vincent Jakobs machen, als er einen Blick hinter die Kulissen wirft. Das Festmotto „Glaube, Sitte, Heimat" haben sich offensichtlich nicht alle Grünröcke auf ihre Schützenfahne geschrieben...

Kathrin Heinrichs im Blatt-Verlag:

Vincent Jakobs' 3. Fall:

Bauernsalat

ISBN 3-934327-02-8   9,20 EURO

Ex-Kölner Vincent Jakobs entdeckt das Landleben der besonderen Art: Bauer Schulte-Vielhaber wird von der Leiter gestürzt. Natürlich kann Vincent seine Nase nicht aus Schweinestall und Heuschober heraushalten und muß feststellen, daß die Lösung des Falls tief unter dem Misthaufen der Vergangenheit verborgen liegt...

Mehr über Kathrin Heinrichs im Internet:

www.Kathrin-Heinrichs.de